CongLing KaiShi
Xue Yanjiang

会演讲的人
成功机会比别人多200%

从零开始
学演讲

| 龙小语 ◎ 著 |

立信会计出版社
LIXIN ACCOUNTING PUBLISHING HOUSE

图书在版编目（CIP）数据

从零开始学演讲/龙小语著. -- 上海：立信会计出版社，2015.6

（去梯言）

ISBN 978-7-5429-4634-8

Ⅰ.①从… Ⅱ.①龙… Ⅲ.①演讲-语言艺术 Ⅳ.①H019

中国版本图书馆CIP数据核字(2015)第094470号

策划编辑　蔡伟莉
责任编辑　何颖颖
封面设计　久品轩

从零开始学演讲

出版发行	立信会计出版社			
地　　址	上海市中山西路2230号	邮政编码	200235	
电　　话	（021）64411389	传　　真	（021）64411325	
网　　址	www.lixinaph.com	电子邮箱	lxaph@sh163.net	
网上书店	www.shlx.net	电　　话	（021）64411071	
经　　销	各地新华书店			

印　　刷	固安县保利达印务有限公司
开　　本	720毫米×1000毫米　1/16
印　　张	16.5　　　　　插　　页　1
字　　数	211千字
版　　次	2015年6月第1版
印　　次	2017年9月第3次
书　　号	ISBN 978-7-5429-4634-8/H
定　　价	36.00元

如有印订差错，请与本社联系调换

前 言

口才是演讲的根本,观点是演讲的灵魂。一个卓越的演说家离不开好口才,而一次精彩绝伦的演讲同样少不了令人耳目一新的观点。好口才让演讲拍案叫绝,好观点让演讲画龙点睛。

不同的口才能力决定着演讲的成败,不同的观点表述影响着演讲的风格和效果。由于"喜新厌旧"是听众的普遍心理,因而怎样使演讲的语言独具特色、受人欢迎,怎样将自己的观点表述到位、吸引听众,怎样让演讲内容深入人心、影响他人,是作为一名优秀演说家最先要掌握的技巧。

创新是演讲生命力的源泉,是演讲者水平和实力的真正体现。只要我们熟练地掌握一些创新思维的方法,就能让演讲变得新颖而富有吸引力,从而深受听众喜爱和欢迎。

演讲水平的高低,可以说是一个人影响力大小的一个关键方面,甚至由此可以判断出其成功与否。所以,能说会道、能言善辩、口才卓越的人,越来越显示出一种独特的优势。他们在生活的各个领域因口才智慧的有效发挥,而充分施展着自己的才干,并给自己的事业注入最大限度的成功因素。

但显然,进行一次有影响力的演讲并不容易。要让演讲风格与众不同,演讲话题要新颖丰富,演讲语言要深入人心,演讲观点要通俗易懂,成功地做一次打动听众、令人称赞的演讲,需要平时的积累和学习,需要不断地练习和提高自己的口才表达能力。尽管我们有不少人都认为自己具备某种演说天赋，但真正地面对和表现自我时，却难免会有些底气不足。

其实，每个人都具有口才天赋，都有演讲的潜质。只是，或许你从未发现自己的能力，或许你没有找到成功的诀窍而已。说话不难，拥有好口才也不难，成为演说家同样也不难。

演讲，没有会与不会的问题，只是演讲的水平和吸引力的程度有所差异而已。如果说曾经的某次公众演讲场合让你感到困惑、尴尬或遭遇失败，那么改变命运最简单的途径就是进行有效的口才学习和演讲训练。只有这样，才能在口才表达能力上突破自己，顺利攻克演讲障碍，成为出色的演说家。

本书从演讲内容（即演讲的基础知识训练）、编排故事（即演讲观点和内容的创新训练）、把握技巧（即演讲的效果和艺术提高训练）等几部分出发，详尽地介绍了演讲的知识经验和经典案例，围绕演讲中最关键的要素重点论述，帮助读者稳扎演讲语言基本功，提高演讲内容说服力，升级演讲艺术感染力，扩大演讲口才影响力，从而轻松自如地应对生活和工作中的各类演讲场合。无论你是零基础的"菜鸟"，还是已成功出入多种公众场合的大人物，都能从阅读过程中受益匪浅，深受启发。

希望通过本书的指导和点拨，让读者实现语言的突破，成为口才出众、演说水平一流的超级影响力人士。

目 录

第一部分　演讲内容：打动人心的秘密

第1章　素质：演讲的无形资本 / 2

　　演讲口才的要求 / 2
　　加强心理训练 / 3
　　演讲的禁忌 / 6

第2章　材料：演讲的骨和肉 / 8

　　先确定一个主题 / 8
　　有计划地查阅资料 / 11
　　准备属于自己的素材 / 15
　　选择精炼的演讲材料 / 17
　　筛选材料要点的步骤 / 19

第3章　演讲稿：现场演讲的主要参考 / 23

　　演讲稿力求有新意 / 23
　　演讲稿的写作要求 / 28

演讲稿的修改 / 35

演讲词句的锤炼 / 40

第4章 预讲：做一次成功的彩排 / 44

演讲前的口头准备 / 44

演讲前的练习阶段 / 47

预讲的关键 / 50

第5章 风格：树立属于个人的品牌 / 53

给演讲表达定一个基调 / 53

形成自己的演讲风格 / 54

提炼自然的演讲风格 / 64

第二部分　编排故事：说一个好听的故事

第6章 让人忘记初衷的好故事 / 68

用杀人的故事救活所有人 / 68

感性大于理性 / 70

故事表现力就是说服力 / 74

大脑用故事记忆 / 75

第7章 有代入感的故事才能以情动人 / 79

赤裸或许就是难以接受的真实 / 79

原始的故事本能 / 81

目 录

故事是麻烦终结者 / 82

第8章 好习惯能使你成为会讲故事的人 / 86

习惯创造卓越 / 86

讲故事的能力不是天生的 / 92

第9章 99%的人无法拒绝一个有创意的故事 / 94

创意、理念的力量 / 94

创意理念是什么 / 96

怎样的故事能帮助沟通 / 98

故事的构成要素 / 99

第10章 从哪里找到好故事 / 101

如何寻找故事素材 / 101

10岁小女孩夏洛特的演说 / 102

你的经历就是最佳材料 / 106

如何使用他人的故事 / 108

第11章 成功者用故事演说的秘诀 / 113

演说的目的 / 113

视觉、听觉、内容 / 114

像电影一样温馨 / 117

活用故事的演讲 / 120

第三部分 把握技巧:引爆现场的气氛

第12章 掌握最初的30秒 / 124

    30秒决定成败 / 124

    没有人会拒绝你的幽默 / 129

    当众坦诚弱点 / 132

第13章 使用提升画面感的工具 / 135

    一张照片的价值 / 135

    用视频提升演说的画面感 / 136

    演讲的视觉化 / 138

第14章 修辞让听众充满想象 / 140

    亚里士多德——三种基本说服方式 / 140

    温家宝——"引用"的技巧 / 142

第15章 与听众交流就像谈恋爱 / 145

    像恋爱般进行对话 / 145

    适时地沉默 / 146

    直击要害 / 148

    控制节奏 / 149

    停顿的五个效果 / 149

第16章　开场白、正文与结尾　/　152

开场白：好的开端是成功的一半　/　152
正文：直接关系到演讲的成败　/　166
结尾：让感动余音绕梁　/　173

第17章　演讲也讲究"一见钟情"　/　182

让人一见钟情吧　/　182
微笑会给人好感　/　183
你是在真心地微笑吗　/　185
演讲时得体的微笑　/　186
衣服是翅膀，姿态是名片　/　187
看起来有激情的穿衣窍门　/　188
演说姿势的检查重点　/　194
站姿是最佳姿势　/　195

第18章　用眼神征服听众　/　198

不知道眼睛应该看哪里　/　198
用眼睛画"Z"字　/　199
眼神的运用　/　200
和听众的视线保持接触　/　202
克服舞台恐惧　/　203
手也有表情　/　204

第19章　其他方面：优秀的演讲者要重视细节 / 213

对时间的控制技巧 / 213

听众故意刁难的处理 / 215

冷静地面对自己的失误 / 220

演说时该有的嗓音 / 222

像专业人士一样进行答问 / 229

附一　成功演讲100招 / 231

附二　TED的演讲圣经 / 236

附三　乔布斯的魔力演讲 / 248

第一部分

演讲内容：打动人心的秘密

第1章 素质：演讲的无形资本

演讲口才的要求

生活中我们常常遇到这样的人，他们平时心理素质非常好，能说会道，被认为是口才很好的人，可是在公众场合却往往不能很好地表达自己的想法。为什么会出现这种情况？演讲口才到底有什么要求？

口语能力，不仅仅是能说会道。它是一个人的智能和语言组织能力的综合体，是通过言语形式表现出来的能力。按照从低到高的级别可以分为描述能力、表达能力、议论能力、驳辩能力、幽默能力。

描述能力是对自己所见之事物和所历之事能够大体客观地描绘和描述，使听者较为清晰完整地了解所言内容。

表达能力是将自己的意见、办法、方案、设想、情感、思想和内心感受陈述出来，能使听者接受或受感染。

议论能力是对事物、事情和事件作有价值和有意义的评论，能讲得头头是道，令人折服。

辩驳能力是在一个大前提或几项基本原则的基础上同时既做论证又做反驳性的发言，使对手无法坚持或干脆放弃原先持有的立场和观点。

幽默能力是平时能说笑话，常令听者捧腹喷饭，营造宽松气氛。

演讲口才与这些能力并非迥然相异。五种口语能力是演讲口才的基础，按演讲要求稍加规范就能够顺利地转化为演讲口才。如果一个人有较好的描述能力，他做的演讲恰好又是向听众报告自己纯客观的经历或所见，无需做任何主观上的加工，这样他往往能够轻松应对。可是现实中的情况常常是这样的，台下的各种口语能力，一到台上就受到抑制，令演讲者感到力不从心。这说明，有这五种口语能力的人，固然有了良好的演讲基础，但在一般情况下，这几种口语能力并不直接就是演讲口才，仅仅拥有它们，未必就能做好一场演讲。所谓演讲口才，是这几种能力依演讲要求得到优化的口语才能。

加强心理训练

由于演讲是一种特殊性和复杂性相当高的活动，演讲者一般都要承受一定的心理负担，因而有时很容易出现心理失衡的现象。这就要求演讲者平时加强心理训练，具备良好的心理素质，既热情果断，又镇定自若，而且还能侃侃而谈。成功的演讲者应具有充足的自信心和较强的自制力。

◎ **自信心**

所谓有自信，就是对实现目标、圆满完成任务抱有成功的把握；否则，就是没有自信或信心不足。

第一部分　演讲内容：打动人心的秘密

自信心与成功欲密切相关。强烈的成功欲是人们实践活动的内驱力，是促进事业成功的主观因素。对演讲者来说，它的主要作用是触发心理动机，使演讲者对实现演讲目标高度关切。然而，希望成功并非自信成功。自信则表现为对实现目标的理性推断，它是通过对客观情况和自我能力统一比较衡量后产生的，是对自我素质和能力的信任。演讲者充分的自信表现为对实现演讲目标持肯定性推断，坚信演讲成功。成功欲和自信心都是形成良好的心理定势的重要因素，是演讲者重要的心理支柱。

自信可以发挥意志的调节作用，坚定意志；可以促使智力呈现开放状态，更有效地发挥演讲者的创造性。演讲者坚信演讲能获得成功，在良好的心理定势作用下，能以满腔热情应付演讲现场可能出现的各种复杂情况，并且始终保持清醒的头脑，砥砺意志，克服障碍。自信心强，很少有心理负担，精力充沛，思维活跃，易于触发创造性思维，左右逢源，能随机应变和临场发挥。自信心强的人，对自己的力量、气质、风度和技能能恰当地控制。相反，缺乏自信心的人，意志薄弱，时时产生一种消极的自我暗示。越怕失败，越怕人取笑，就越加分心，越加忧心忡忡，无形中束缚实际能力的发挥，导致演讲失去光彩。

演讲者要有意识地培养和树立坚强的自信心。自信心应建立在对自我素质和能力的正确认识上，建立在对演讲基本规律的娴熟掌握上，建立在对演讲内容的深刻理解上。只有在对主观条件和客观情况进行辩证分析，知己知彼，了如指掌的基础上产生的自信，才是真正的自信。否则，就是不切实际的盲目自信。盲目自信是一种非理性的预测和判断，它所产生的支持力是短暂的，经不起实践的检验。

◎ **自制力**

所谓自制，就是根据需要，对自我情绪和情感进行调节和控制。这种自控能力，既是演讲者重要的心理能力，也是演讲者意志力的表现。

演讲活动情况复杂,很多因素能引起演讲者的情绪波动和情感激动,或欢愉,或兴奋,或恐惧,或忧虑。演讲者的各种情绪波动和情感激动对演讲产生不同的影响,有的积极有益,有的消极有害。

一般来说,责任心、使命感、成功欲以及自信和欢愉是推动演讲顺利发展的积极因素;而忧虑、恐惧、自卑、颓唐等情绪则是阻碍演讲成功的消极因素。只有具有较强的自制力,才能对这些有利和不利因素进行质的鉴别和量的控制。

演讲者要善于分辨掌握,该激发的充分激发,该排斥的努力排斥,该调节的适当调节,始终保持自己的情绪与演讲时空环境和谐协调;不能无节制地听任感情的驱使,也不能任凭自我情绪放纵;要主动地理智地根据实现演讲目的的需要,抑制消极情绪和冲动行为,正确地支配自己的语言和举止。只有这样,才能成功地驾驭演讲进程,在受挫折时,不致泄气和意志崩溃;在顺利时保持头脑清醒,不失常态。否则,就会阻碍演讲的顺利进行。

演讲者要有效地运用和发挥自制力的作用,必须坚定目标指向。目标专注,才能凝神集思。当情绪过分激动时,立即以实现演讲目标的坚强信心激励自己,排除自我情绪中消极因素的干扰。演讲者要提高和强化自己的自制力,必须吃透演讲内容,掌握演讲规律。成竹在胸,就不会乱章失控,就能应对自如。演讲者要进行恰当的自我克服和调节,还必须保持头脑清醒。冷静能帮助人保持智慧,再生智慧。快速、准确的判断和分析,只有在沉稳冷静的情况下才能作出。

自信心和自制力关系十分密切,它们同是演讲者应有的良好的心理品质。自信心强可以坚定演讲者的意志,而自制力的强弱正是由意志力的强弱所决定的。所以,演讲者应不断培养和提高自己的自信心和自制力。

第一部分　演讲内容：打动人心的秘密

演讲的禁忌

正面了解演讲成功的要领对成功的演讲非常重要，而掌握一些对演讲影响很大的负面因素对掌握演讲技能的提高同样重要。如果演讲中使用口头禅，演讲内容艰涩冗长，或者演讲冷漠乏味，都将破坏演讲的效果。

◎切忌使用口头禅

口头禅被认为是不良的说话习惯，指那些令人讨厌的"嗯"、"啊"、"你知道的"等与演讲毫不相关的废话。如果演讲者频繁使用口头禅，会干扰听众的聆听。口头禅本身具有一定的特点，它常常在演讲者进行观点、概念转换时出现。

口头禅可以通过下面这种方法克服。

克服口头禅的前提是对其本质有所认识。

就个人而言，首先应该明确口头禅对你的影响到底有多大。关于这一点，你可以利用录音机进行记录并检查或者请其他人帮你听听。采用这样的方法进行检查和练习，会很有帮助，因为你在进行概念转换时会有所提防，而转换本身也因此会日益流畅。

◎忌艰涩冗长，杂乱无章

有人的演讲材料过于庞杂，讲起来像开无轨电车，开到哪里算哪里，叫人摸不着头绪；还有的不合逻辑，妄加论断，或者不顾事实，主观臆断。这些都是常见的问题。

有人演讲用的是书面语言，使人感到艰涩难懂。演讲时要尽量避免使用书面用语，更不要"文夹白"，要使用口语，善于用简单明了、群众易懂的语言演讲，坚决抛弃晦涩难懂的词语。文章贵短，演讲也应该长话短说。

◎ **忌冷漠乏味，豪言空谈**

言之无物、空空洞洞的表达是演讲中的一大忌。现实中那些不结合当时、当地的实际的空头言论太多了。有的单位一年一度的总结会，会议的开幕词用的是陈年的演讲稿，只把第一届改成第二届、第三届或第四届，内容照旧，年年如此，冷漠乏味，毫无生机。

还有的人演讲时毫无表情，呆若木鸡，甚至肌肉紧绷，脸色铁青；有的人缺乏演讲情趣，语言冷淡，没有抑扬顿挫、真情实感，演讲乏味，如同嚼蜡。这些都严重影响了演讲的质量。

另外，在演讲时忌出奇出怪，要尽量讲清楚讲明白，这也是对演讲最基本的要求。

第2章　材料：演讲的骨和肉

先确定一个主题

演讲找材料前先要确定一个主题。主题是演讲的灵魂，它决定演讲思想性的强弱，制约材料的取舍和组织。没有明确的主题，演讲就如同没有灵魂的木偶，即使讲得天花乱坠，也会让人不知所云，不得要领。

◎ **适合听众要求，内容有的放矢**

选题要有针对性，要能深刻影响听众，极大地感染听众。由于民族不同，性格各异，职业有别，年龄存在差异，以及生活环境和文化修养不同，演讲的听众存在着很大的心理差异、风格差异、感情差异等。选题时应考虑不同类型听众的需要，根据不同民族、不同职业、不同层次的听众的知识水准、兴趣爱好、风俗习惯等来确定。

只有选题适合听众的心理、愿望，才能吸引听众的注意力，唤起听众听讲的热情和兴趣。例如，对青年人谈男女恋情，谈如何看待流行歌曲等问题很合他们的口味，但对中老年人就未必合适。显然，如果对山区老农大谈高能物理，谈得再好恐怕也不会受欢迎；倘若换成水土改良，情况就会大不一样。

为了适应不同类型听众的需要，选题要考虑适应度。选题的适应度较大，适应的听众面就较宽；反之，适应度较小，适应的听众面就较窄。一般来说，议题的专业化程度越高，其适应度就越小。

◎从你的经验、专长和兴趣中挑选主题

你是在既有的知识储备的基础上进行演讲的。或许你被邀请发表演讲的原因正是："你能够对我们谈谈你对当前低迷经济的看法吗？"在另外一些场合，你的个人背景就是演讲题目很好的灵感源泉，完全可能发展成一篇引人注目且内容翔实的演讲。

其中个人的经历可以从以下几个方面来考虑。

1.非同寻常的经历

想一下你旅行过的地方、从事过的工作或令你陷入困境的事情。如果真实可靠，这些都是值得一说的故事。不过，不要忽视那些在你自己看来平淡无奇的经历，它们在别人的眼中或许十分生动有趣。

2.专业知识或专长

人们都希望了解事情是如何运作的。人们通常在聆听过程和步骤时兴致盎然，即使在从业者本人看来这些过程和步骤毫无出奇之处。

你也可以围绕你生活中所遇到的人来构建一篇演讲。还有诸如此类的话题——你可以对人类的天性或者我们文化中的某些方面提出独特的见解。

你会发现，对某一个主题知道得越多，你就会觉得需要学习的东西也就越多。不要让这一点蒙蔽了你的双眼而看不到这一事实：和潜在听众相比，你在这一特殊兴趣领域所了解的知识仍然要远远多于他们。

3.强烈的看法和信念

想一想，还有哪些话题能够令你热情高涨？这些话题或许触动了你的核

第一部分　演讲内容：打动人心的秘密

心价值，它们通常能够成为很好的演讲主题。当你基于内心确信不疑的信念发表演讲时，你会更加放松自如，听众也会更加善解人意——即使他们持相反的看法，当他们看到你的演讲发自肺腑时，也不会心生抵触了。

同时要注意，在演讲中你立场不客观或失去理智，或是进行不适当的自我披露，将使你的听众尴尬不安，这都会影响演讲的效果。

◎ **选择跟听众和场合相适宜的主题**

为了选定一个你将要发表演讲的主题，你下面所需要做的是考虑听众和演讲的场合。在这一点上，你可以向自己发问的两个问题如下。

听众的期望是什么？

这些人现在的期望是什么？

知晓这些听众的构成以及他们为什么聚集到一起，可以帮助你排除许多主题。

演讲内容要与演讲场合气氛相协调，也就是要考虑演讲的时间和空间环境。时空环境不仅指演讲现场的布置，也包括时间、背景、组织和听众等因素。显然，在喜庆的场合大谈悲凉，在悲哀的氛围中大讲欢愉都是荒唐的。

选题还应考虑可供演讲的时间。根据心理学的研究，一般人的大脑在1小时以内，只能解说或接收一两个重要问题。因此，选择演讲议题必须集中凝练，富有特色，时间要掌握得恰如其分。如果参加演讲比赛，更有必要了解限定的时间；否则到临场时修改内容，增添删汰，就会手忙脚乱，甚至无所适从。此外，参加有多人演讲的会议，还要考虑自己演讲的顺序是在会议的开头、中间还是结尾，并且还要了解在自己演讲之前的演讲者和在自己演讲之后的演讲者的情况。这些都与听众的心理定势和情绪有密切的关系，不可忽视。

◎ **选择既适时又永恒的主题**

在其他条件同等的情况下，最佳的主题是那些既适时又永恒的主题。某些话题一直以来并且永远将是人们津津乐道的对象。

当你把一个发生在当代的事件和某个人类经久不衰的话题联系到一起时，你就联结了适时和永恒这两个要素。但并不是说只要具备了这些要素，这个主题就一定是好的主题。先来考虑一下适时的标准。如果某一事件一连两周都占据了报纸的头版专栏，以该事件为主题的演讲或许可以称为适时的。但是，除非你能够在更为广阔的意义上向听众阐发你对此的见解，否则你只能向他们提供相当有限的有用信息。你浪费了他们的宝贵时间。

反之，同样正确：如果你不把你的主题和某个当前的现实问题联系起来，你的听众极有可能对你晦涩艰深的阐述毫无兴趣或不胜其烦。一个深奥的、永恒的主题应当和它的现实反映挂钩，而一篇适时的演讲应当指出该主题的永恒含义。

有计划地查阅资料

只有收集到大量的资料，演讲者才真正具有站在公众面前的勇气。演讲是向听众传达信息，如果你不能满足听众的需要，不能提供足够多的信息，那么你的演讲一定不是好演讲。根据演讲题目查阅相关资料，找他人求教都是很好的办法。

◎ 根据演讲题目查阅相关资料

好好规划一下资料的查找工作，使你能够在指定的时间内达到最好的效果。这一点要求你在匆匆忙忙地开始查找之前必须认真考虑自己的演讲题目和场合。你有多少时间？就你演讲的性质而言必须查阅哪些事实？哪些题目要调查？你查阅资料的目的是什么？

第一部分　演讲内容：打动人心的秘密

1.从演讲题目入手

先从了解"总体情况"入手。你不应该先入为主地在一个方面的资料上花费大量时间，这样做也许会遗漏与演讲题目相关的其他重要方面。随着研究的深入，你会得到更加具体、更加确凿的材料，你知道哪些内容可以置之不理，但是如果其他方面的有关内容突然冒出，根据已经掌握的知识你完全能够把握这些提示，并顺藤摸瓜进一步深入下去。

演讲者在查阅资料之前的准备或探索性研究是由一系列活动所构成的。面对一个对其知之甚少的题目，在分析题目之前，你必须先在某个地方查阅一些概括性的知识。即使你对演讲题目很熟悉，你也得在准备查找资料之前在脑海里理清自己的思路。

2.规定完成时间

根据你可以支配的准备时间和演讲题目的不同，你要进行的查阅工作也会有很大的差异。建议你为你的准备工作制定一份可行的时间表。如果演讲前一天才接到通知，你不可能详尽地查阅所有相关文献，但是可以从如百科全书之类的书中查找概括性比较强的资料。如果时间较为充裕，你的准备活动就可以更加深入，先从概括性的书籍当中收集线索，以它们为指导再寻找其他更加细致、更加具体的资料。

跳读是从头开始查找资料时最有用的技巧之一。在从图书馆查阅书籍（或为此购买图书）之前，先迅速浏览一遍书目。因为你没有时间把所有的书都看完，一定要掌握最重要的方法和理论。要掌握要领，先要查看书籍目录，跳过第一章和最后一章，或者阅读某一章或一篇文章的第一段和最后一段，记下书中频繁引用的重要学者和公众人物的姓名，留意反复出现的概念和研究项目。不要认为自己必须一字不落地把整个句子读完。

开始浏览时，翻找一些综述或有关该问题现状的文章和书籍，这些文章和书籍能概括地指出该问题目前的思潮。追溯该问题来龙去脉的文章段落也

第2章 材料：演讲的骨和肉

非常有用。这些文章和书籍往往很容易从题目中加以识别。

跳过一些资料，阅读一些概括性的书籍可以使你对自己的题目有大致的把握。然后你就可以进一步缩小范围，把查阅内容集中到某些问题上。

3. 带着分析性问题查阅资料

当你已经完成背景资料的查阅，还没有开始主要的研究活动之时，要回头分析自己的演讲题目，想一想是否要把题目缩小为某个问题，调整自己的演讲目的，或者修改主题句的遣词造句使之适应演讲场合。

4. 熟悉相关的专业用语

为新题目查找资料就像学习一门新的语言一样。随着你逐步展开对题目的研究，你就能够列出这个过程中所出现的关键词。比如，在研究职业女性时，你会发现自己必须搞清楚"机会均等"、"果断行动"和"相对价值"等之间的区别。你会注意到如"玻璃天花板"、"女强人综合症"和"粉领工人"等都是关键性的名词，在谈论你所面对的问题时这些词已被广泛采用。熟悉与演讲题目有关的语言随着研究的展开而变得不可或缺，因为你在浏览文献时要查找这些关键词。

当然，如果你熟悉的人中有人对你要演讲的项目非常了解，那么请教他们就再好不过了。

◎ 直接向他人请教

直接向他人请教相关问题是非常便捷的一个方法。如果没有特别合适的人选，你也可以请教一下周围的人对你要演讲的题目的看法。

1. 向身边的人请教

你的朋友、家人、同事都可以成为信息渠道。

在你根据演讲题目组织整理自己的思路时，可以先和那些自己每天接触的人们谈一谈。你可能会喜出望外地发现有人对你要讲的题目非常在行。在大多数情况下，这些人告诉你的情况是他们自己的观察和体验，在书本中是

第一部分　演讲内容：打动人心的秘密

无法找到的。随便和几位朋友交谈一番，你就会惊喜地发现懂了很多自己原来不知道的知识。在向他人请教的过程中，有几种人你要主要考虑。

（1）教师

任何水平的教育者往往都是平易近人的专家。传播知识和信息是他们的本职工作。如果你不知道应该向哪位专家咨询，可以打电话询问适当的院系或学校。他们会推荐你请教某位取得本领域研究成果的专家。

（2）政府相关部门

因为政府拥有的资源非常丰富，如果找到合适的部门询问，相信他们会认真地帮助你。

（3）独立机构和特殊利益集团

一些专业性协会和团体也是最佳信息渠道。要注意这些团体看问题的角度往往是有局限性的。可以向一些独立性的机构、协会、特殊利益集团请教，但是要根据你所了解的客观标准权衡自己得到的答复。可能的话，采访与你的立场不同的专家，尤其是当演讲题目有争议时，更应该这样做。

另外要注意的是，法官、运动员、商业人士、警官、医生、会计师等都是专家。如果你不认识某个特定领域的任何人，看看是否可以通过同事或朋友介绍结识一位相关人士。如果无法建立这种联系，随时留意报纸上提到的人物。如果他们曾经接受过采访，那么可能也愿意再回答一些其他问题。

除了请教身边的人以外，还可以采访一些相关领域的专家。

2.采访的技巧

采访是获得材料的重要手段。不要慌慌张张、毫无准备地采访别人。分析一下你的采访对象，想一想他或她该如何最大限度地为你的研究提供帮助。如果面谈的对象曾经就你所要谈论的问题写过文章或有专著出版，先把这些资料读一读。你应该事先设计一系列具体而明确的问题，这样就不会浪费宝贵的面谈时间，否则只能得到一些在百科全书中也可以查到的内容。你要准备一些没有确定答案的问题，而不是做肯定或否定判断的问题，或者只需简单地进行事实确认。另外，不要含糊其辞，让对方不知该从何说起。

采访时先用几分钟时间融洽气氛，建立进行采访的背景。介绍自己的身份，解释你为什么需要了解这些情况，以及你已经得到了哪些信息。同时，再次说明你预计采访将占用多长时间。这些内容也许是再次提起你打过的电话或写过的信。如果你希望把采访过程录下来，首先应该征求被采访者同意，但是要准备记录纸和笔，以防录音失败。不管怎么说，即使你确实把采访过程录了下来也应该记录采访内容。笔记可以帮助你让采访始终沿着所设计好的、有待澄清的问题前进。在重新听录音内容时，书面记录还可以帮助你把握重点。

开始提问时，一定要把大部分时间留给专家发言。不要打断、表示异议或鲁莽地提出自己的看法。用话语和身体语言鼓励专家继续说下去：点头、微笑、表示兴趣。要留意自己的姿势和面部表情，用谦和的评价鼓励对方，比如"我明白了"、"非常有趣"、"那么后来怎么样？"

为采访结束留出一定的空余时间。尊重接受采访者的时间，如果时间快到了，要主动停止发问——即使你只得到了一半问题的答复。总结自己的采访角度：通常请被采访者进行总结性发言会获益颇多。有些情况下你可以这样问，"您希望我提出哪些问题而我没有提到？"当然，最后要对他或她表示感谢。

准备属于自己的素材

这里强调一个"自己的"，虽然念一本书也是一种准备，但并不是最好

第一部分 　演讲内容：打动人心的秘密

的方法。从书上找材料，是会有帮助的，但假如一个人仅想从书本上得到一大堆现成的材料，立刻据为己有而讲给别人听，难以获得听众热烈的掌声。

下面是演讲大师卡耐基讲述的一个故事。

多年以前我为银行界开办了一个公开演讲班。这个班是在每星期五晚上五点至七点上课。某星期五下午某银行的罗先生一看表发觉已经四点半了，可是他还没准备好要讲什么。他走出了办公室，就在报摊上买了一本杂志，在去演讲班的途中，他挑选了一篇题目为《你只有十年的成功时间》的文章阅读。他阅读的目的只是为了在班上轮到他讲时，他能说点什么，而不至于冷场。

上课一小时后，他站起来试着很有兴趣、很有说服力地叙说那篇文章的内容。然而他并未消化融会掉那些内容，因而那些内容并未真正成为他自己的东西，只是肤浅的记忆而已，讲出来也就缺乏激情，听众当然难以有较深印象。他提到的只是那篇文章的作者说这说那，但很少有罗先生自己的看法。于是我对他说："罗先生，我们真正感兴趣的不是这篇文章作者怎么说，而是你和你的意见，告诉我们你本人有什么可说的，如果现在没有，就将这同样的题目留作下星期讲。你可将这篇文章再读一遍，并问自己是否和这位作者意见相同，相同的话就用你自己的经验证明他的见解。假如不同，就讲出何处不同与为何不同，这样讲出来才能吸引人，才能使人印象深刻。"

罗先生接受此建议，重读那篇文章之后，发觉他与原作者的意见完全不相同，于是他反复思考、发挥、整理自己的意见。在下一个星期罗先生站起来又讲这个题目时，讲的就是他自己的材料，是从他自己"矿源"里挖掘出来的"矿石"，因而真实感人，使这次演讲非常成功。

这就是准备，只有自己真实的经验并加上深思的演讲才会成功。

选择精炼的演讲材料

演讲材料选择的大致范围确定以后,还要注意选择精炼的演讲材料。除了选材要真实、准确,一般来讲,选择精练材料还要遵循一定的标准:选材要紧紧围绕主题,选择新颖的、典型的材料,所选材料最好还要有针对性。

◎选材要紧紧围绕主题

主题是选材的依据。选择材料必须紧紧围绕主题,选择材料时必须考虑它能否有力地支持主题或为主题服务,否则,再生动的材料也不能用。即坚持这样一条原则:凡是能突出、烘托主题的材料就选用,否则就舍弃。能够有力支持主题的材料一般包括:演讲者自己受感动的材料,演讲者亲身实践证明了的材料,听众感兴趣的材料等。

在公元前44年,古罗马的布鲁图斯等人说恺撒大帝是暴君、有野心。恺撒的重臣安东尼为了驳斥他们的诡辩,在恺撒的葬礼上为恺撒做了辩护,在辩护词中,选择了这样三个材料。

"他从前曾获胜边疆,所得的财帛都归入国库……"(这不是私心,而是公心)

"他听到穷人的呼唤,也曾经流下泪来。"(这不是暴君,而是富有同情心的好君主)

"那天过节时,你们眼睁睁地看着,我三次劝他登基,他三次拒绝。"(这不是野心,而是虚心)

这些材料都紧扣主题,直接支持和证明了自己的观点,从而产生了无可辩驳的说服力。

◎ **选择典型的材料**

典型材料是指那些最鲜明、最有代表性、最能反映事物本质、体现演讲主题的材料。只有这样的材料才能以一当十、以小见大。

陈毅的《代军长就职演说词》中所要阐明的主题是"人民的军队是任何反动派也消灭不了的"。他只选择了两个材料：一是"在大革命失败时，朱德总司令只带了800多人上井冈山，就发展成今天的50万大军"；二是"新四军的前身是南方各省的游击队……只有200多人，3年后，新四军发展到9万人"。由此推论出："800人没有被消灭，50万大军能被消灭吗？200人没有被消灭，今天9万人还能被消灭吗？"充分证明了主题。

◎ **选择有针对性的材料**

演讲者在服从主题的前提下，选材还要有针对性。演讲者应从听众需要出发，有针对性地选择材料，在组织和选取材料时，"因地制宜，因人施讲"，这样才能达到晓之以理、动之以情的效果，才能唤起听众的热情和兴趣。这种针对性包括：

（1）要针对不同场合、不同听众的具体特点、兴趣和爱好选择使用不同的材料。

（2）要针对听众的文化程度，把材料具体化、形象化，多选择听众能看到、听到、感觉到的材料。

（3）要选择符合听众心理和要求的材料，尽量使这些材料和听众的切身利益结合起来。

（4）要选择那些能给听众指明方向、能够教给听众行动的手段和方法的材料。

（5）要选择那些正确、准确、科学性强的材料，使听众相信和服从。

（6）要根据自身的特点，选取那些自己熟悉的、适合自己身份的材料，这样才能将主题表达得充分而深刻，具有说服力，在演讲时才能胸有成竹。

第2章 材料：演讲的骨和肉

演讲材料的收集和选择是一个问题的两个方面，两者相辅相成，缺一不可。虽有先后之分，却无轻重之说。对此，演讲者应该切实地重视起来。

筛选材料要点的步骤

收集到足够的材料以后，把所有的想法根据演讲题目进行筛选，保留自己满意的部分，然后对它们进行综合，最后做到前后连贯。这个过程涉及很多步骤，主要包括：产生想法，把想法归类，把每类综合起来，然后重新考虑、调整并且理顺各种想法的关系，最终确定各个要点。

◎ **广泛收集想法**

在准备演讲时，不要限制自己的思路。把你觉得演讲中可能提到的内容随手记下来，不管这些内容是在收集资料时还是在整理准备放弃的资料时碰到的。采用头脑风暴法，此时注重数量而不是质量。不要对任何想法心存偏见或轻易抛弃，把它写下来。现在不必为你记录的内容排列顺序。加快工作速度，即使其中有些只是另一种想法的不同表达或者与另外一些想法截然对立也不要在意。除非已经积累了充足的原材料，否则无法着手进行整理。

◎ **整理归类想法**

你可以采用许多不同的办法进行组织整理。选择适合自己的一种或几种方式，加以组合，起决定作用的可以是视觉效果或者演讲内容。

1.基础的、可行的提纲

组织演讲内容最传统的办法是采用阶梯形的、缩格提纲的格式。但是在确定提纲的时候不要自我局限，认为只能用正式的、完整的句子列出提纲。用完整的句子列出提纲对你清楚表达要点和分要点很关键，但是运用主题提纲这种比较灵活的形式会更有好处。

因为你可能会尝试采用不同的办法整理思路，因此不要把时间浪费在措辞或格式上。以不同的方式对各项内容加以整理，使得它们能够和谐地组织起来，直到发现一种紧凑而清晰明了的结构为止。

2.概念图

概念图是一种理清思路的方式，通过它可以直观地表示某些概念之间的相互关系。你可以按照其基本形式很快绘制出简单的图表，用中间标有说明的圆圈或方框表示，再用线把它们连起来。

从你的核心想法、你的主题入手，在一张纸的中间画圆圈或方框。然后利用整理的想法对其加以扩展，围绕主题写出几个要点，留出足够的空白以备将来补充要点。围绕你最初的想法会出现若干新想法，把脑海中产生的新想法写下来，用线将相关的要点连起来。

3.调整可移动的想法

把内容分布在纸上各个部分。它也可以类似于列提纲，用线性方式连接内容。比如，你可以把自己的想法在记事贴上记下，把它们粘在墙上或桌上。你可以根据主题把它们集中起来，把某一组的某些部分移到另外一组，直到你对整体结构感到满意为止。或者，如果你更喜欢以线性方式考虑问题，则可以根据记事贴上的内容制定原始提纲，提纲可以写在任何地方，包括缩格记录的分要点。

另一种可行的方式是从收集资料的笔记卡片入手，在卡片上添加你自己的想法。我们建议在查阅资料时使用笔记卡片，在上面注明标题。你可以从这里着手写下自己的看法、过渡句并再用一些卡片进行综合，把它们插在你认为适当的地方。像记事贴一样，你可以随意改变顺序和模式，变换尝试多种处理主题的方式。

充分展示每种组合方式的优点，不要急于下结论作出选择。让自己享有充分的自由，能够随意调换各个部分，直到你认为满意为止。

经过这个过程，你已为自己的演讲准备了好几个可能的要点。下一步是选择最能满足你的演讲目的、效果最佳的要点。

◎ **要点应独立且符合主题**

一看你的论点陈述句，就应该想到你的演讲中应该包括哪些要点，哪些是明确必须作出回答的核心问题。一旦明白主题涉及的内容，你就能用论点陈述句检验提纲中的要点了。

除此之外，还要注意挑选彼此独立的要点。

要点之所以被称为要点不是偶然的，要点是扩展主题的有限几项核心的不可或缺的内容。

为了尽可能明确清晰地说明问题，要点应该彼此独立。每项都应该排除隶属于另一项的可能性。用简单的话来说，这条法则就是我们常说的一句格言"任何东西都有其所归和所属"。演讲者面临的挑战在于找出一种可以恰到好处地把所有内容加以安排的条理。

有时当你尝试把各项内容归为几个要点时，发现有些内容既可以属于一个要点也可以属于另一个要点。出现这种重叠现象时，你就会明白自己还没有理清思路，还没有为所有内容找到一个有效的分类系统。如果你自己都不知道某项内容应该放在什么地方，听众当然也不会明白。

给要点分类的时候要遵循单一的原则，使得所有内容可以归入某个要点，并且只能归入这个要点，这一点最重要。

往往会碰到这种情况，即某项内容在两个要点之间，很难决定把它归入哪一类。对普通听众来说，最好的办法是把问题的范围缩小，排除某些模棱两可的要素，必要时可以把这些问题留到听众提问时解答。

如果一项内容可以放在两个地方，说明你的要点不能彼此独立。如果一项内容不能放在任何地方，则说明你离题了。

◎ 确定要点的数量

虽然这条规则听起来过于武断,但是并不像你认为的那样束缚手脚。作为演讲者,你应该围绕几个要点整理自己的思路和演讲内容。如果把每条思路都作为要点,就会导致没有机会扩展其中任何一条。如果分要点过于庞杂,你就无法从中抽象出适合你演讲主题的东西。此外,如果你只有一个要点,那么你基本上就只有主题,谈不上所谓的整理和组织演讲。

还有一点值得大家注意,就是要点如果超过五条,听众就记不住了。

重要性相同或逻辑作用平行的要点称为并列要点。用于解释、支持或服务于其他要点展开的逻辑推理过程,重要性较小的要点称为分要点。

你必须明白各种要点之间的关系只是相对的。演讲的每条内容都既是并列要点,又是分要点,这也是对其他内容的综括。

逻辑推理类似于说明内容之间从属和并列关系,例如,汽车是一种有效的货物运输方式,因为汽车运输的目的地覆盖范围相当广阔;因为汽车的设计形式多种多样,灵活多变;因为汽车相对易于操作。

显然,原因从属于它们所支持的要点。

安排演讲内容时用于证明要点的论据不能与要点具有同等的重要性,或与要点并列。

第3章　演讲稿：现场演讲的主要参考

演讲稿力求有新意

只有创造之花才有永开不败的美丽，观点表述的创新是演讲生命力的源泉。掌握创新思维的方法，提出新颖而富有吸引力的观点，是演讲者水平和实力的真正体现。创新虽不是一件容易的事情，但只要我们熟练地掌握一些创新思维的方法，就能在演讲实践中提出新颖而富有吸引力的观点，从而使我们的演讲更为听众所喜闻乐见。

◎ 提升内涵

对待事业，即使有心栽花花不开，也要栽；对待名利，即使无心插柳柳成荫，也无心。有心栽花花不开，无心插柳柳成荫，这句俗话的形式和内涵广为人知，笔者借用它，稍加改动，以表明自己的观点，就得到了听众的认可。

生活中有许多流传甚广的话，如民谣、俗语、谚语等，它们被人们所理解的内涵是相对固定的，如果演讲者能巧妙地借用这些老的形式，并加以改进，赋予它新的内涵，就能为在演讲中进行观点创新，找到取之不竭的宝贵资源，只要演讲者能自圆其说且言之有理，就能在听众的认识上达成一种新的和谐。

◎ **破旧立新**

一位演讲者在《我们不愿做睡狮》的演讲中说："有人曾预言，中国是一头睡狮，就这样我们被人家当了一百年睡狮，我们也把自己当睡狮自我陶醉了百年。狮子是百兽之王，但一头酣睡的狮子能称得上是百兽之王吗？一只睡而不醒的狮子，一个名义上的百兽之王，并不值得我们为之骄傲。如果我们为这样一个预言而陶醉，就好比陶醉于别人说我们祖上也曾阔过一样，真是脆弱而又可怜。我们不要伟大的预言，我们只要强大的实力。我们不要做睡狮，只要我们觉醒着、前进着，就比睡着强。"别人的预言曾是我们骄傲的资本，但仔细分析起来，为一个过去的预言而陶醉或昏睡，于实际又有何益处呢？所以演讲者鲜明地提出"我们不愿做睡狮"的观点，犹如当头棒喝，既促人清醒，又激人奋发。

破旧立新，就是在否定、破除旧的观点之后，提出与旧观点相反或相对的新观点。虽然破旧立新的难度和风险较大，但只要有言前人所未言的勇气，有实事求是的科学态度，就能收到语出惊人、震撼人心的特殊效果。

◎ **由此及彼**

深圳华为公司总裁任正非在演讲中曾提出一个重要的新观点："要提倡思想上的艰苦奋斗"。他说："生活上和工作上的艰苦奋斗，比较容易引起人们的关注，而思想上的艰苦奋斗，看不见，摸不着，难以引起人们足够的重视，正因为如此，有些人就越来越淡化了思想上的艰苦奋斗精神，其突出表现就是身勤脑懒，整天东跑西颠，显得忙忙碌碌，可一旦遇到费脑筋的事，却不肯或不善于下一番工夫去深入思索，因而这些人跑得再勤，也跑不出个所以然来……唐代韩愈有句名言'行成于思毁于随'，这句话是很有哲理的,所以我们要提倡思想上的艰苦奋斗,本质的要求就是要在思想上吃得起苦,深入进行理论思考。以往我们对艰苦奋斗的理解普遍停留在能吃苦、不怕累、出大力、流大汗的层次上,关注点主要集中在生活和工作方面,提倡这一点无疑是应该的,但在知识经济背景下的高科技企业的竞争当中,光讲生活上和工作上的艰苦奋斗是不够的,还应该突出强调思想上的艰苦奋斗。"

演讲者提出的这一新观点,对市场竞争中的高科技企业来说,其深意和新意是不言而喻的。

问题总有多面性,但由于我们认识上的局限性或事物发展过程中的规律性的影响,我们在表达某一观点时往往只知其一,不知其二,或只讲其一,不讲其二。当然,坚持和强调"这一方面"是应该的,因为它也是正确的公认的观点,但如果我们顾此而失彼,就会妨碍认识的深入和工作的改进,因为随着事物的发展,坚持和强调"另一方面"的意义也非常重要。如果演讲者能由此及彼,即在不否认现有观点的前提下,敏锐地发现问题的"另一方面"并适当加以强调,就能达到演讲观点深、新并举的目的。

◎ **由浅入深**

索尼公司的创始人井深大曾出版过一本极为畅销的书《始于幼儿园为时过晚》。当时人们普遍认定的是:大学教育的基础在中学,中学教育的基础在小学,而井深大则把问题再深入挖掘一层,认为还要重视幼儿园的教育,最后的结论是:不!始于幼儿园也已经太迟。从大脑生理学的角度来看,生下来的婴儿具有100亿以上的脑细胞,同没有"接线"的计算机一样,在这样的头脑还没有成熟时,是否给予刺激,将决定"接线",即组成头脑的形状的好坏,所谓"接线"在四岁时要完成60%,八九岁时要完成95%,十七岁时要全部完成,所以,在幼儿时,如果缺乏良好的刺激是不行的。

这虽然不是一个演讲实例,但从思维的角度来说,对演讲的创新思维无疑是很有启发意义的。

第一部分　演讲内容：打动人心的秘密

有时关于某一问题已形成结论并被人们当作定论广为接受，似乎再也没有思考下去的必要了，但实际情形远非如此，只要我们再往前走一步，就会发现"风景那边更好"。

◎ 旧话题出新的方法

演讲的成功首先要靠新颖的内容、独到的见解，而在演讲中常常会有老话重提的问题。特别是那种命题式或半命题式的演讲，大家讲同一主题，或同一范围的话题，很容易彼此雷同，落入他人窠臼。并且，同题演讲，时间长了，听众也容易产生厌倦情绪，从而出现"审美疲劳"。如何使你的演讲别出新意呢？

1.以精彩的开头，在听众"疲劳"前抓住他们

在一次演讲赛上，前面已经有许多选手讲过了，轮到最后一位上场时，观众有些坐不住了。这位选手上场的第一句话便说："该讲的前面的同志都讲了，我是上台来打句号的。不过在句号未画圆之前，我还想先打个问号……"

这样的开场白很有特色，马上就能引起听众的兴趣。精彩的开场白最好是在撰写讲稿时就事先准备好。

讲老话题不像新话题那样有吸引力，如果开头的两三分钟抓不住听众的心，听众便会走神。其实，不管多么老的话题，当演讲者刚走上讲台时，听众总会有瞬间的新鲜感，你就应当设法抓住这种稍纵即逝的契机，找到一个妙趣横生的开头，以避免或延缓听众厌倦情绪的出现，为成功奠定基础。

2.构思演讲稿时，在平常的思维套路中选择切入点

要讲"学习雷锋精神"这个题目，你在准备讲稿时，不妨这样来入题：先不做评价，只对雷锋的具体事例做一些白描式叙述，然后再似贬实褒地写道："雷锋的所作所为，不像陈景润摘取数学皇冠上的明珠那样，需要渊博的知识和超人的智慧，也不像董存瑞炸碉堡、黄继光堵枪眼那样需要献出生

命,谁愿做,谁想做,都可以做到。不过……"这样的思路,就会使人觉得比较新鲜。

一般来说,演讲稿的撰写一定要选择好切入主题的视角。特别是讲老话题或同题演讲时,更要避免按人们所熟知的套路去行文,而要善于找到新的切入角度,以便使人在习以为常的讲法中听出与众不同的味道。

3.在众口一词的结论中挖掘独到见解

某地举办"爱我神州"演讲赛。演讲者们个个激情满怀,尽情讴歌我们伟大祖国上下五千年的辉煌历史,几乎无一不谈及雄伟的万里长城、领先于世界的四大发明,以及文明卓著、地大物博等。一个一个如此讲下去,评委和听众都感到有些疲劳和厌倦。轮到最后一个选手上台了,他一开口,就把会场的气氛改变了。他说:

"朋友们,前边的朋友对我们伟大祖国悠久的文明史、雄伟壮观的长城和给世界文明带来飞跃发展的四大发明进行了充分的讴歌。听着这些,我们不能不承认,我们祖国拥有这一切,的确令人自豪,让人感到神圣和可爱。(说到此,他突然把声音提高八度)但是,我认为,只有这些还不够!因为,长城尽管又高又长又厚,却没能挡住侵略者的铁蹄!指南针是我们祖先的发明,却引来了武装到牙齿的侵略者,引来了帝国主义的战舰,引来了毒害中国人民的鸦片!火药是我们中华民族智慧的结晶,但却使外国强盗刀剑换枪炮,争我家园国土,杀我华夏同胞!至于洁白纸张的创造,正好方便列强与我国签订种种不平等条约,写下丧权辱国的几十条、上百条……(此时,他开始激动了)是的,我们的祖先,曾是何等荣耀!我们的祖国,曾是怎样的富裕、强大过!但是我们又清楚地知道,这一切终归是祖先的,是祖先的骄傲!我们,后世的炎黄子孙们,绝无权力在祖先的功劳簿上沾沾自喜、大吹大擂!古话说,好汉不提当年勇,我们怎能忘记自己肩上的重任!(掌声)祖国,只有在我们的辛勤劳动中,在我们粗糙的大手中,变得在全世界范围内领先，变得强大、富裕，才遂了我们的意，才称了我们的心！（热烈鼓掌）"

　　这段演讲之所以受到热烈欢迎，就在于演讲者在众口一词的结论中挖掘出了新意，具有自己独到的见解。如果一个演讲者在准备演讲稿时便自觉地做创新式的思考，那他就有可能使自己的演讲自出机杼，别具新意。

　　无论是命题演讲还是非命题演讲，所讲述的道理一般都是带有普遍性的，或是人所共知的，其话题中往往会有很多现成的、公认的甚至是经典的结论。在准备讲稿时可以对现成的结论再做一番思考和挖掘，从而独辟蹊径，见常人所未见，发常人所未发，提出新的见解。当然，这种独到见解不是故作惊人之语、信口开河，也不是说所有现成结论都要推翻，而是讲出言之成理、持之有故的真知灼见。

演讲稿的写作要求

　　具有充分的现场感觉的演讲稿才是一篇出色的演讲稿。一篇成功的演讲稿要充分考虑现场的要求，并以此作为展开演讲稿写作的出发点。一般来说，演讲稿的写作有下面几个要求。

　　◎ **精心准备，有的放矢**

　　演讲的效果，主要看演讲的思想内容在听众的思想和行为中所产生的影响和作用。而要使演讲产生良好的效果，就要进行精心的准备。古语说："凡事预则立，不预则废"、"宜未雨而绸缪，勿临渴而掘井"。所以只有精心准备、认真编写演讲稿，才能使演讲收到良好的效果。

　　编写演讲稿，需要从以下几个方面做好准备。

第3章 演讲稿：现场演讲的主要参考

1.从现场听众的鉴赏水平出发

1972年，尼克松总统访华时在答谢宴会上的祝词中说：

"昨天，我们同几亿电视观众一起，看到了名副其实的世界奇迹之一——中国的长城。当我在城墙上漫步时，我想到了为了建造这座城墙而付出的牺牲；我想到它所显示的在悠久的历史中始终保持独立的中国人民的决心；我想到这样一个事实，就是，长城告诉我们，中国有伟大的历史，建造这个世界奇迹的人民也有伟大的未来。"

面对在座的中国官员，作为美国总统的尼克松热情赞扬了中国人引以为豪的长城，是很容易博得好感的，也淡化了两国政府的原则分歧所造成的阴影。演讲还围绕长城借题发挥又说了几段话，使"拆除我们之间的这座城墙"这个并不轻松的话题显得轻松。敏感的听众意识使演讲者选择了长城这个自然、得体、巧妙的角度。

听众的性别、年龄、种族等自然特点和情感、意志、趣味等心理特点以及文化、教养、境遇等社会特点，都要纳入演讲稿的构思之中，以便于引起共鸣。撰稿时的感觉，应是面对听众，说出他们乐于倾听的话。即便是一个说法、一个称呼语也是值得再三斟酌的。

2.对演讲场合即自然环境、社会历史背景的研究思考

俗话说，"到什么山上唱什么歌"，"看菜吃饭，量体裁衣"。编写演讲稿不仅要考虑听众对象，而且要考虑演讲时的自然环境和社会环境、历史背景、当时当地的政治倾向、思想动态、学术文化气氛、风土人情、民情民俗，还要考虑这些因素对演讲所传播的观点是同化吸收趋向，还是排斥背离倾向，等等。对于这些，演讲稿起草者如果做了充分的调查和思考，就有可能把内容确定得更为恰当，措辞更为得体。

3.要适合现场表达

秋瑾的著名演讲《警告二万万同胞》中讲道：

第一部分　演讲内容：打动人心的秘密

"陈后主兴了这缠足的例子，我们要是有羞耻的，就应当兴师问罪！既不然，难道他捆着我的腿？我不会不缠的么？男子怕我们有知识、有学问，爬上他们的头，不准我们求学，我们难道不会和他分辩，就应了么？这总是我们女子自己放弃责任，样样事一见男子做了，自己就乐得偷懒，图安乐。男子说我没用，我就没用；说我不行，只要保着眼前舒服，就做奴隶也不问了。自己又看看无功受禄，恐怕行不长久，一听见男子喜欢脚小，就急急忙忙把它缠了，使男人看见喜欢，庶可以藉此吃白饭。"

这段文字既是精妙的语句组合，又是晓畅通俗的口语；既有催人猛醒的连珠炮式的反问，又有冷静剖析的精到陈述；既有信手拈来的散句，又有回环复沓的顶针式排比；既有变化多端的语气语态，又在语句上恣意而为；短句为主，长短参差，如同信口而说，但又富于韵律；既是逻辑严密的议论，又是行云流水般的叙述；既是高屋建瓴的精辟之言，又像拉家常一样平易；既有愤懑之问，又有幽默之语。只是阅读，就觉得演讲者的声音、神情、态度呼之欲出。这样的文字无疑是适合亦讲亦演的现场表达的。

演讲语言是经过精心锤炼和构筑的口语，是生活化的语言，这就要求它的语汇、句式和语气都应有浓厚的口语色彩，通俗晓畅，自然流动。它应适合自如的口头表达。演讲语言也为演讲者运用语气、停顿、语调等语音手段和感情、手势等体态语言提供了充分的表现余地。总之，演讲语言既要能讲又要能演，便于现场表达。在起草演讲稿时，应尽量摆脱其他文体的负面影响，在语言体裁和抒情上以适合现场表达为尺度。

◎ 明确演讲主旨，突出中心思想

一次演讲涉及的内容可能很多，可是必须有明确的主旨，给听众一个经过提炼的核心思想。提倡什么、反对什么，都要旗帜鲜明，绝对不能模棱两可、含糊其辞。

为了使主旨明确、中心突出，许多成功的演讲稿通常采取以下方法。

1.把主旨作为演讲稿的标题

这种方式十分醒目,可以点明题中应有之义,起到画龙点睛的作用,也可以帮助听众明确演讲主旨,建立感情上的"热点",所以为许多演讲稿所采用。许多演讲的标题都在一定意义上揭示了演讲的主旨,既有利于演讲者思想的集中表达,又有助于听众的领会和吸收。

2.提炼中心思想,把主旨单一化

鲁迅说:"绞许多脑汁,炼成极精锐的一击。"主旨集中就能"提神"。除了博大精深的学术性演讲和某些事务性演讲外,一般的演讲,尤其是简短的演讲,以确定单一的主旨为好。提炼主旨要"目标始终如一,方寸一丝不乱",立定主意,"一以贯之"。单一主旨对于一般演讲都是适用的。许多演讲名篇,都是主旨单一、集中而又鲜明的。主旨单一,就能做到言简意赅,辞约旨丰,思想凝练,在听众心中产生深刻的影响。

3.调动构成演讲稿的一切要素,为明确主旨服务

演讲稿的主旨是贯穿全文的主旋律。材料、结构、语言、表达方式都要服从主旨的需要。

以演讲主旨和所使用材料的关系而论,两者应具有一致性、交融性。主旨是全部材料思想意义的集中概括和升华,材料必须注入并体现主旨的灵魂,这样才能收到良好的效果。

在演讲稿的结构、语言、表达方式等各个方面,都要谋求与主旨的协调,以利于主旨的明确、清晰和突出。

◎ 适合于现场调控

鲁迅的演讲《文学与政治的歧途》有段精彩的插曲。

"北京有一派人骂新文学家,说:'你们不应该拿社会上的穷人和人力车夫做材料。你们作诗作小说应该用才子佳人做材料,才算是美,才算是雅,你们为什么不躲进象牙之塔?'但他们现在也都跑到南方来了,因为北

京的象牙之塔已经倒塌,没有人送饭给他们吃,不能不跑了……为人生的文学家,平时就很危险,到了革命的时候,死的死,流落的流落,因为他们的感觉比普通一般人敏捷,他们所看到的想到的,平常的人都不了然,他们的境遇往往是困苦的,所以能够看见别的困苦。"

这段文字一方面成功地表达了演讲内容,另一方面又顾及了现场调控。北京的"一派人"的话中有一句"你们为什么不躲进象牙之塔?"而将其引用过来自然就引起听众对演讲者如何作答拭目以待。然而只用一个"但"字转到他们不"美"不"雅"地逃到南方混饭吃,以其行驳其言,俏皮机智,令人哑然失笑;接着又用为人生的文学家的艰难处境与之对比,含蓄地予以赞扬。如果说这是一个不露形迹的情绪热点的话,那么前面的冷嘲就是有力的反衬式铺垫和蓄势。这段演讲看似漫不经心,但对材料的选择和组合,对先谈什么后谈什么以及怎样说,都有精心的考虑,以求得更好地调控和驾驭听众。

写作演讲稿的运思阶段就要顾及针对听众的现场调控,要适当地预设或埋伏一连串能够触发听众的想象、情感、意志、经验等的兴奋点,以便张弛有度、擒纵自如地驾驭现场,调控听众,促使听众参与,更好地进行现场交流。在成稿过程中,要围绕演讲目的和内容,在开头、过渡、展开、收束等各个环节上有意识地运用调控技巧。比如,在行文上,设置悬念以引人入胜,运用蓄势的手法导向情绪的共鸣点,形成一个个激荡人心的旋涡。还可以点缀一些精妙的小插曲,以调节心理,活跃气氛,化隔膜为亲密,化挑剔为欣赏。

◎ **结构合理**

演讲稿结构的基本要求是协调和谐。"凤头"、"猪肚"、"豹尾"的形象化说法,原则上也适用于演讲稿的大结构。

演讲稿结构的最大特色是简洁明晰。演讲稿不同于一般供阅读的文章。一般文章读者可以反复阅读玩味,即使结构层次复杂一些,也可以经过分析

第3章 演讲稿：现场演讲的主要参考

而掌握。演讲稿是口耳相传的，而口述的信息稍纵即逝，容易与听众的听觉、思维之间出现游离脱节现象。如果演讲结构复杂，头绪纷繁，甚至思路紊乱，听众就难以理解演讲内容。为了使演讲收到最佳效果，应尽可能简化演讲结构，尤其是长篇演讲，更应该使结构简明化。

把所要讲述的思想、材料进行逻辑分类：

对问题的划分尽量明确，防止互相交叉和互相包含。这是使结构简明化的根本方法。

注明大结构和大纲目的序列号：

例如第一个问题、第二个问题……或（一）、（二）……

把纲目的要点用准确的标题语言醒目地呈现出来：

要使演讲稿的头绪清楚，脉络分明，在很大程度上依赖于目录。

在内容层次转换过渡处，多用明转法，少用暗转法：采用提示语、交代语、承上启下语、前后照应语或小结语等，便于听众把握内容的梗概和轮廓。

演讲稿的写作还要讲究逻辑。具体来说，要注意下面几点。

1. 全文应该是合乎逻辑构成的总体

对演讲稿总体上的逻辑要求是：概念要明确，判断要恰当，推理论证要遵守逻辑规则和规律，通篇安排应具有内部的必然联系。如果一篇演讲稿在总体上杂乱无章，那就很难使听众信服，演讲就难以收到预期的效果。

2. 注意层次间、段落间、句子间的联系

要正确体现出并列、顺承、分合、选择、递进、转折、假设、条件、因果、目的、排除、推演等种种意念关系。在这些局部问题上也应该有严密的逻辑关系，做到无懈可击。

3. 要有充分的论证

以说理为主的演讲稿要有充分的论证，特别是提出新颖独特的见解时，更要严密论证。人们不会轻易接受未经论证或论证不严密的观点。

◎有一定的风格

演讲稿的风格主要指的是演讲的语言或文学风格。

演讲稿的风格，应该尽可能符合听众了解的风格。但一般来说，演讲者可能需要使用几个在日常说话中不常使用的，而却又是听众能够接受的语汇，增强风格色彩。

但是这种情形应该维持在最低限度，而且如果某个词语讲出来显得很奇怪，或者超过听众平常使用的范围，演讲者就应该提醒大家特别注意，并小心说明其意义。

有些时候，演讲者可能会在演讲中使用某些常用的词语，但这些词语在演讲中却具有特殊的意义，这时候就必须很慎重地向听众说明应该如何使用这些词语，并且再三地提醒他们这些词语在此处的用法，否则听众一定会感到很困惑。所以，最好避免使用技术性的词语或艺术名词，并少用带有特殊意义的平常字眼，尤其是对一般听众演讲时。

关于风格的另一规则，可以用两句话来形容：第一，语句应该清楚明白；第二，语句应该不平凡也不艰涩。这两点说起来容易，做起来却不简单。

◎入情入理，情理交融

在演讲稿中，情、理至关重要。动之以情，晓之以理，是演讲成功的基石。因此，在演讲稿写作中能否做到入情入理、情理交融，是决定演讲成败的关键。演讲稿中的理，通常是反映客观规律的真理，或是高尚人生哲学和伦理道德观念，或是科学文化知识以及获取知识的方法，或是有益于推动社会改革的工作经验，等等。这些既是演讲稿的精髓、灵魂和支柱，也是吸引听众的魅力所在。

演讲稿中的道理应该给人以新鲜感。所阐述的道理最好是听众闻所未闻的真理。如果所讲的道理听众并不陌生，演讲者就应该作出独到的分析，或者紧密联系实际，以新鲜的材料作出富有意义的阐发。同时，演讲稿还应该是有情物。演讲稿中的情，一是"笔下常带感情"，笔端渗透着对听众的殷殷深情；二是对所叙述的人、事物以及道理的情感。干巴巴的说教是演讲的大忌。情和理的自然交融更为可贵。情感有了理性的渗透，就不至于泛滥；理性有了情感的萌动，就不至于冷漠。许多成功的演讲，无一不是情理渗透的结合物，情是有理的情，理是有情的理，两者"合则双美，离则两伤"。

演讲稿的修改

演讲稿的修改要以演讲的目的和宗旨为标准，演讲稿的修改主要从演讲材料入手，注意演讲观点的正确性。演讲稿的修改还要讲求精益求精。

◎ 按演讲要求修改初稿

在揣摩腹稿和拟写提纲时，已经酝酿得比较成熟，便可以依照提纲，顺着思路不停地写下去。但是具体到如何遣词造句，如何运用语言表达技巧等，则不能不费点心思。否则言不达意、言不尽意也不好。

起草初稿，即按照拟好的提纲，把所要表达的内容整理成完整有序的文章。提纲只是将腹稿的大致轮廓描绘下来，起草成文才将以前的全部思维成果物质化、视觉化，使之成为有形可视的蓝本。这个蓝本是临场的定心丸。

打草稿跟打腹稿一样，也是一个艰苦的脑力劳动过程。在这个过程中，活跃在脑子里的思想、见解等，仍将继续深化和逐步完善，构想的思路将更加清晰，随时还可能有新的思想闪现。这实际上是一个再创造的过程。

初稿写好以后，还要对初稿进行加工修改。

第一部分　演讲内容：打动人心的秘密

"玉不琢，不成器"，"文章不厌百回改"。初稿写成之后，必须反复修改。好文章都是改出来的，谁也不可能下笔即达胜境。只有经过反复推敲、反复修改，才能使初稿渐趋成熟和完善。

修改时着重注意以下几个方面。

1.注意观点是否正确

首先，看全篇的观点是否正确，是否成熟，是否容易为听众所理解和接受。如果有问题，或者欠成熟，必须做进一步的思考，绝不能随便去糊弄听众；其次，要看看中心议题是否确立，是否得到了鲜明突出的表现。中心不突出，演讲目的就得不到明确的体现。

2.注意材料的修改

看看材料是否真实、具体、全面、充分，是否用得恰当，是否能够准确有力地说明问题和表达观点。少则增，多则删，不当则换，虚假的材料则要毫不犹豫地剔除。

3.注意结构的修改

看结构，是否完整、紧凑且富有变化；看开场白，是否够味，有吸引力；看高潮，是否有令人振奋的高潮，高潮的位置是否恰当；看结尾，是否有魅力；看段落，层次、段落的划分和安排是否妥当、清楚；看衔接，上下文之间的衔接、过渡是否自然；看照应，前后照应得好不好；看全篇，全文脉络是否贯通。

如果某方面安排不合理，例如，层次、段落的划分和安排还不够清楚，就应立即对其进行妥当的调整和修改。

4.注意语言的修改

演讲口才是一种语言艺术，锤炼语言是演讲家的基本功。初稿写成后，还要注意进行语言的修改。

（1）看看句子是否通顺，文字是否简练。这是最基本的要求。写得不通就读不通、讲不通；文字不简练，说起来就啰里啰唆。鲁迅说："写完后至少看两遍，竭力将可有可无的字、句、段删去，毫不可惜。"

（2）要口语化、大众化。起草演讲稿虽然是笔头的功夫，但写出来的东西是用来讲的，不是用来看的，因此必须适合有声语言的特点。

（3）弹琴看听众，说话看对象。如果是面向普通的工人、农民、市民，就必须使用浅显、平易、朴实的文字，尽量少用专业术语，更不可咬文嚼字，故作高深，否则不易为他们接受。如果是对具有较高文化素养的人讲话，语言就可适当文雅些，让自己的谈吐适应他们的水平。当然，能够做到雅俗共赏是最理想的，那将使你拥有更多的听众。

（4）用词准确生动，富有表现力。语言都需生动形象，有感情，有色彩。要看看修辞是否贴切，是否恰到好处。

（5）语言朗朗上口，节奏铿锵有力。最后，要试着朗读几遍，看看效果如何。比如，念起来是否顺口，语气是否适宜，感情是否饱满，音韵是否和谐，节奏是否铿锵有力。

5．注意篇幅的修改

面对听众的独白式发言，往往有一定的时间限制，修改时还需考虑篇幅的长短是否符合规定的时限。如果超过规定的时限，应当压缩文字，删减篇幅；倘若不到规定的时限，如有必要，可以再适当增加些材料、扩充内容。

篇幅的修改要做到心中有数，最好是在保持内容完整的前提下，使内容具有一定的伸缩性。这样，临场时，可以根据听众的反应和时间的要求，随时作出灵活机动的调整。

◎ **演讲稿修改的具体内容**

对演讲稿初稿往往要进行修改。修改是写演讲稿的最后环节，也是提高演讲质量的重要途径。演讲稿的修改过程，一方面是对所讲内容进一步加深认识的过程，另一方面也是对演讲稿的表现形式的进一步选择的过程。人

第一部分　演讲内容：打动人心的秘密

们认识事物，总是在不断深化不断反复的过程中逐步达到主观认识与客观实际的统一。人们叙述事物，阐明道理，表达感情，究竟采用什么形式，才能完美地表达出来，达到内容和形式的统一，也存在着一个不断摸索探讨的过程。企望一挥而就，文不加点，显然是不现实的。所谓文不厌改，正说明了"改"的重要。许多著名演讲家，都十分重视讲稿的修改。例如，美国总统罗斯福，每篇演讲草稿写出后，往往要修改十几次，到最后完稿时，有时第一稿中的话甚至全改光了。他如此谨慎认真起草和修改，在演讲史上已传为佳话。重视演讲稿的修改，其实也是演讲者高度责任感的具体表现。

演讲稿的修改顺序，与演讲稿的起草顺序和听众听讲的顺序并不相同。起草演讲稿时，人们是遵循存在决定意识的运动规律，从材料开始，即先有信源，然后根据材料提炼主题，再根据主题的要求组织材料，最后通过语言进行表达。而听众听演讲的顺序则是首先通过接受语言信息，了解演讲的内容，再根据内容来领会演讲者的用意所在。那么，修改的顺序如何呢？它必须综观全局，从大处着眼，先校正主题，然后根据主题要求，采取增、删、调、变、修等手段，由内容到结构、到语言进行修改。它遵循着"先整体，后局部"和"先观点，后材料"的法则，顺着观点—材料—语言的顺序进行。

从修改的范围看，演讲稿的修改，主要包括内容和形式两个方面。具体来讲，即校正观点，增删材料，调整结构，变换手法，修饰语言等。

1.校正观点

通读全文，看演讲的意图是否表达清楚了。每篇讲稿，必然有一个统领全篇的基本观点，有时还可能有几个与之相呼应的小观点。这些观点都应该正确、鲜明、新颖，且具有普遍的指导意义。检查和修改，首要的方面就是校正、提炼和深化演讲的主旨。如果发现主题涣散，观点模糊，立意不高，则必须坚决改正，不可抱残守缺。否则，必然导致演讲的失败。

2.增删材料

材料是形成演讲稿的基础,观点统领材料,材料说明观点。材料要求充分、典型、新鲜。修改材料主要采取增、删、换的方法。如果某些事实材料和事理材料不充分,演讲内容就会显得单薄,因此,必须增添和补充一些材料,使内容显得完整、充实、丰满。如果材料过多,形成堆砌,就会使演讲内容显得臃肿、拖沓,甚至冲淡或淹没主题,对此必须削枝强干,删除多余的材料。如果某些材料未经验证,或者比较空泛,不够典型,或是显得陈旧,不够新颖,就要采取断然措施,加以调换,重新精选。增、删、换的最高准则,就是要实现材料和观点的高度统一。

3.调整结构

结构是演讲稿的骨架,是根据演讲主旨的要求,将材料构成有机整体的组织形式。内容决定形式,形式为内容服务。层次安排、段落划分、过渡衔接等,均要求能更好地为表现主题、突出主题服务。如果发现结构松散,残缺不全,或者轻重倒置,前后脱节等现象,必须进行修改调整,做到结构严谨,合乎逻辑,详略得当,过渡自然。

4.变换手法

演讲虽然以说理论证和表情达意为主,但其手法也是多种多样的。根据演讲的对象、时间长短、环境状况等情况,应采取不同的策略,力求新颖生动、丰富多变,克服程式化的单一表现手法。

5.修饰语言

演讲的语言要求准确、鲜明、生动。在语言的推敲润色上,必须舍得下工夫,千锤百炼,方能日臻完美。特别是要上口入耳,既有利于讲,也有利于听。要从全文需要出发,把它放在整篇文章的具体语言环境中去衡量,尽量改掉那些含糊不清、生僻拗口、紊乱花哨、平板乏味的语句。同时,要注意标点符号的正确运用,力争准确无误地表达思想感情。

演讲稿修改完成后，要通过试讲进行全面检验，最后才能出清稿。

◎ **认真修改，精益求精**

认真修改是演讲稿趋于完善精美的条件。好的演讲稿往往都是几易其稿，甚至经过几十次的修改才形成的。

写完后，至少要看两遍，宁可将小说的材料缩成备忘录，绝不将备忘录的材料拉成小说。

修改演讲稿的方式和修改文章一样，要考虑主题、材料、结构、语言等各方面的因素，注意在深化主题、订正观点、增删材料、调整结构、推敲语言等诸方面多下工夫。既要有对总体内容构成方面的考查，也要有对遣词造句等细微之处的推敲，总之，要做到精益求精。

演讲词句的锤炼

词汇是支撑演讲的根本，演讲要选择易于被听众理解和接受的词汇，选好词并不代表有了好的演讲稿，我们还要锤炼演讲语句，并且要注重辞章的使用。

◎ **演讲的选词**

他的一生是短促的，然而也是充实的，作品比岁月还多。

唉！这坚强的，永不知疲倦的工作者，这哲学家、思想家，这诗人、天才，在我们中间，过着暴风骤雨般的生活，充满了斗争、争吵、战斗，一切伟大的人物在每个时代遭逢的生活。今天，他安息了。他走出了纷争与仇恨。他在同一天步入光荣，步入了坟墓。从今以后，他和祖国的星星在一起，辉耀于我们上空的云层之间。

你们站在这里,有没有羡妒他的心思!

各位先生,面对这样一种损失,不管我们怎样悲痛,就忍受一下这些重大打击吧!打击再令人伤心,再严重,也先接受下来再说吧。在我们这样一个时代,不时有伟大的死亡刺激充满了疑问与怀疑的心灵,因而对宗教信仰发生动摇,这也许是适宜的,这也许是必要的。上天使人民面对着最高的神秘,对死亡加以思考,知道自己做的是什么。死亡是伟大的平等,也是伟大的自由。

上天知道自己做的是什么,因为这是最高的教训。一个崇高的心灵,气象万千,走进另一个世界。他本来有着天才看得见的翅膀,久久停在群众的上空,忽而展开人看不见的另外的翅膀,骤然投入了不可知。这时候每个人心中所能有的,只有庄严和严肃的思想。

不,不是不可知!不,我在另一个沉痛的场合里已经说过了,我就再说一遍吧:不,不是夜晚,而是光明;不是结束,而是开始;不是空虚,而是永生!你们中间有谁嫌我这话不对吗?这样的棺柩,表明的就是不朽。面对着某些显赫的死者,人更清楚地感到这种理智的神圣命运,走过大地为了受难,为了洗净自己。大家把这种理智叫"做人",还彼此说:那些生时是天下的人,死后就不可能不是灵!

这是雨果的《给巴尔扎克》的最后几段,演讲饱含激情,用词清晰、具体、生动,读来流畅,听来悦耳。

演讲最忌空泛。有些演讲者总想在演讲中多用点优美词语,于是堆砌辞藻,咬文嚼字,趋于雕琢,而这正好是演讲所忌讳的。演讲的选词要做到以下几点。

1.准确

演讲中词语要用对用准,否则"一字一词,一句为之蹉跎"。这要求演讲者在选词时掌握词语的含义,辨别词义之间的细微差别,把握好词的感情色彩、语体色彩。

第一部分　演讲内容：打动人心的秘密

2.洁净

单个的词语无所谓洁净之言。这里所说的是指具体的演讲中要字不虚设，词不虚发。这要求演讲者在演讲时明确词的含义，不用重复词，不用无义词。

3.规范

演讲中要尽量避免深奥、绕口的词语，力避诘屈聱牙，晦涩难懂的词语。

4.和谐

演讲语言要朗朗上口，生动悦耳。选用双声叠韵词、迭音词，注意押韵合辙，平仄相间，以增添演讲的音乐美、节奏感。

◎ **演讲要锤炼语句**

十二年来，我饱尝了作为一个教师的酸甜苦辣，喜怒哀乐；十二年来，我更深层次、更立体地把握了教师的整体形象。教师是辛苦的，为了学生，他们夜以继日，整日操劳；教师是清贫的，为了别人他们含辛茹苦，不计酬劳；教师是磊落的，为了事业他们两袖清风，虚心清高；但教师是伟大的，为了祖国他们孜孜以求，不屈不挠。

这段话句式完整，匀称贯通，自然优美。演讲的语句要经过一番锤炼才能达到这样的水平。

演讲是一个动态过程。演讲所形成的特殊情境给其中每句话赋予了特定的含义。这要求演讲者在炼句时首先要从演讲整体出发，从演讲情境考虑，做到精短、严整、自然、亲切。

一般来说，除了学术演讲、政论型演讲较多地运用长句、散句外，演讲的语句以短句、整句为多、为美。

下面我们看看短句与整句的特色。

短句指字数少、形体短、结构简单的句式，演讲中运用短句可以明快、活泼、有力地表达感情，简洁、干净、利落地叙述事理。卓别林的演讲正是如此：

战士们,你们别去为那些野兽们卖命啊!他们鄙视你们,奴役你们,统治你们,吩咐你们应当做什么,应当想什么,应当具有什么样的感情!他们强迫你们去操练,限定你们的伙食,把你们当牲口,把你们当炮灰。你们别去受这些丧失了理性的人摆布了。

整句是相对于散句而言的,它紧凑有力,严密集中。演讲在适当运用散句的基础上要多运用整句。整句包括排比句、对偶句、对比句、顶真句、回环句等。

◎ **注意辞章的使用**

辞章泛指语法(文法)、修辞以及行文的表达方法和技巧。逻辑着重解决对不对的问题,语法、修辞和表达方法则着重解决准不准、美不美的问题。它们的完美结合,才能使演讲稿达到科学性与艺术性的高度统一。

演讲语言的最基本特征是口语化。最优秀的演讲风格则是口语和书面语的合一,既提炼成为口语和书面语的"合金",但又不失口语化的基本特征。口语和书面语各有其特点和优点。口语朴素、简短、流畅、活泼、亲切、通俗易懂,但往往不够精确规范。书面语准确、规范、典雅,但往往结构复杂,书卷气过重,有时不易被人们理解。好的演讲稿应当兼取两者之长,扬长避短,既要考虑演讲时的口传言授,便于听众听懂,又要注意加强语言的表现力,认真加以提纯和锤炼。

演讲稿的语言还应尽可能做到准确、明晓、简洁、流畅。在此基础上进一步努力做到严密、深刻、生动、形象。这就需要适当采用比喻、排比、比拟、借代等修辞手法,还要灵活运用叙述和描写、概括和具体、曲折和率直、铺垫和纵横、抑和扬、虚和实、形象和理性等各种表现手段。当然,这些手段都应该服务于演讲目的和内容,注意对象、时间、场合等条件,务必用得适当和得体。

第4章 预讲：做一次成功的彩排

演讲前的口头准备

演讲前的口头准备工作是必不可少的一个步骤，也是演讲准备工作中的一个重要环节。

◎ **演讲排练的重要性**

反对排练的人会说，许多能力超凡的人并不排练，他们不会在演讲之前一遍又一遍地温习要讲的内容。但是他们有自己的排练方式——思考、筹划并考虑其他的方案和选择，因而他们并不需要去模拟演讲。这通常是因为他们想让自己在熟悉演讲材料的同时不让自己在演讲的那天丧失自然表现的机会。他们认为排练或排练过度会让他们丧失"锋芒"。这种"无排练"方法对那些经验老到的演讲者、自信的人、熟悉演讲内容的人、能够根据实际情况自由剪裁演讲内容的人，以及喜欢冒一点险的人来说是十分有效的。

然而，排练演讲的内容、时间把握、道具、服装以及特殊效果能给演讲

第4章 预讲：做一次成功的彩排

者以自信。念出演讲词、做动作、适应房间的环境并感受气氛都能增强他们的控制感。排练的好处是演讲者能够检查对时间的把握程度，发现可能出差错的地方并提高演讲的流利度。

"成为一名成功的演讲者能让你受到注目并让你实现目标。我在演讲前从不草率行事。精心准备是我最有用的防弹衣！"一位非常擅长演讲的人士这样说。

◎ 排练时要注意时间控制

在演讲之前，你应该对演讲所用的时间做到心中有数。演讲者除了做无聊演讲之外的另一个大忌就是超时演讲。演讲超时是对听众的无礼。每个人都有其他的事情要做。在你之后还有别的演讲者。听众不会因为你延长了演讲时间而感谢你，主办方也不会，而且其他的演讲者肯定也希望你马上下台。

如果你还是一个演讲生手，那么，无论是带稿排练还是脱稿排练，你都应该为你的演讲计时。因为如果脱稿演讲，你会习惯性地添加一些不相关的内容。如果你更有经验，你应该在自己面前放一个钟表，在演讲的过程中根据时间的变化增减内容。

◎ 排练时要穿正装

穿正装排练时，你需要一面镜子、一名听众、一块表，使用你所有的道具、稿子、支持材料并尽可能真实地模仿实际情况。听众可以是镜子、录音机、你的朋友。听众是谁并不重要，重要的是你能和他们进行眼神交流。

如果你有机会能在演讲现场进行彩排，那么只要你有时间，不要犹豫，马上利用这个机会，尤其是活动规模较大，时间安排比较紧凑，并且还需要动用大量设备的时候。和技术人员打好交道，他们就会对你更加照顾一些。即便你不会照着稿子念，也不管你的稿子是不是提纲，你仍然需要给他们一份，这会使他们对你的演讲内容有一个印象，而且你至少应该附上一份幻灯片、音乐和特效的播放顺序表。

第一部分　演讲内容：打动人心的秘密

当你熟悉稿子之后，你可以在脑中进行排练。在脑中演练会形成条件反射。你的大脑为你的动作储存了一个象征性的代表信号。所以当你真正做这些动作时，你的大脑就知道你已经做过这些了，这会让你的演讲更为得心应手一些。

在一次顺利的排练之后，在你去演讲的路上、在走廊里、从停车场进入会议室或从地下室进入会场时，要让自己进入状态。在去会场的途中就正式着装，除非万不得已，不要在车中或更衣室里换衣服。

把你在路上碰见的每一个人作为展示你职业水平的大好机会加以利用。一路上，你的肢体语言都要表现出积极的信号，这会帮助你在必要时迅速进入演讲状态。

◎ **借助他人的力量**

因为演讲要口头发表，所以应该口头组织内容。既然演讲的内容取决于演讲人与听众的双向互动，那么你演讲的准备工作也要借助于他人的力量。

你无法在基本的内容概要准备好之前进行预先的排演，但是有一种办法可以让你在仅有一点思路的情况下即可着手做口头的准备。试着把你心里的想法和话语说出来，看看它们是否适当。但是，你不是在听众面前练习自己的演讲技巧。吃午饭时与同事和朋友聊天，你可以随时表达自己的想法。你不必对每位听众的意见作出反应。在与几个人交谈后，你会发现自己已经开始准备演讲的措辞造句了。

一个人不可能始终以一成不变的口吻说话。即使你一个人坐在桌前准备演讲稿，合作者的意见和腔调也会影响你。这种现象很自然，你应该充分加以利用。

如果能够在更多正式的反馈和支持当中继续你口头的和互动式的准备，你真的非常幸运。

虽然你可以从多种渠道得到反馈，但是最可贵的反馈来自志同道合的人士。在演讲课上,他们可能是一群一起讨论想法和练习演讲的学生;在商务活动和职业场合,同行之间的互助合作也相当重要,政治家和公民团体也认识到了这一点。最雄辩的演讲人往往会在准备演讲的整个过程中随时检查自己的发言效果。

演讲前的练习阶段

不同的演讲有不同的练习方法。总的来说,演讲前的三个练习阶段对演讲能力的提升非常重要。

◎ **前期练习充实提纲**

先在脑海中构思自己演讲的提纲。反复阅读多次,把它的逻辑顺序熟记在心。坐在桌前,轻声地把提纲念出来。向自己解释提纲的内容——一边思考一边说话。

然后找一个安静的角落,把演讲内容根据实际情况组织起来。站起来,以正常的说话声音演讲一遍,加入所有要讲的内容。不要自言自语。在澄清一个问题后,尽量把准备好的例子举出来。要尽早发现难读的单词、短语或句子结构。设想发表演讲的场合,设想自己处于这种场合。不要在心里想,"这只是排练罢了",要做得像真的一样——就像看到听众的一张张脸,面对黑压压的人群发表演讲。不要有意识地关注自己的手势和声音以免分心。

经过一段时间之后,你会起草自己的第一份演讲稿。不要把它们珍藏在心里不再加以改动。在你推敲用词造句时,可以根据实际情况对原先的内容进行改动。记住,不要让自己拘泥于一种措辞用语不能自拔。

第一部分　演讲内容：打动人心的秘密

◎ 通过中期练习获取反馈信息

现在你已对现有的资料感到得心应手，但是还没有进行最后的润色修饰，你应该花点时间就自己的演讲情况征求反馈意见。可以在其他人面前练习演讲，征求反馈意见。

你在构思自己想法时可以征询他人的意见。不管他们是同事、家人还是朋友，你可以向他们征询各种各样的意见，认真听取他们的看法。但是如果可能，尽量超越与自己观点雷同的圈子去寻找批评者，这些批评者或许最贴近地代表了你可能面对的听众。

假设你的听众是一群中学生，请十几岁的侄子、外甥或其他青少年朋友来充当自己的听众，排练演讲。演讲时你要像面对真正的听众一样全心投入，不要因为紧张而手足无措。不要因为他们是朋友而使演讲非常随便松散。不要把该讲的内容省略掉，说"你们听过这个故事"，把这个故事再讲一遍。不要闲聊，而是发表演讲。

请他们对演讲的内容和发言提出实事求是的看法，但是不要把任何人的意见视为最后判决。他或她就像所有其他人一样有自己的怪癖和偏见。这就是为什么请一群人充当听众情况会稍好一些，因为你可以综合多方的意见。

你不应该问："你们觉得我的演讲怎么样？"回答会是"很好"，"我觉得不错"，这对你没有太多助益。准备几个问题，引导你的批评者发表意见，明确他们的回答。你到时候可以提这样一些问题："你认为我想说明的是哪个重要问题？"如果他们没有说出你演讲的主题，那么你必须重新考虑演讲稿的内容和结构。"我想表达的主要内容是什么？"他们应该能够指出你的要点。

在你继续你的演讲准备之前得弄清楚这两个问题的答案。你是带着某种目的发言的，如果你发表演讲的整个原因不明确，其他一切都不值得一提。如果你认为自己的目的明确并对此感到非常满意，你可以围绕下面的内容提出问题：

第4章 预讲：做一次成功的彩排

"你认为我表达自己想法的方式是否合乎逻辑顺序？"

"我的演讲是否始终吸引着你的注意力？哪一部分比较乏味或者混乱不清？"

"我有没有证明自己的观点？"

"我的开场白是否说明了将要发表的演讲内容？"

"结论部分是否紧扣演讲内容？"

"我的声音听起来是否自然？"

"我有没有表现出不自觉地分散听众注意力的举止？"

如果不得不站在镜子前面练习，要注意把握分寸。

我们认为站在镜子前面练习弊大于利。如果演讲者在发表演讲时把注意力集中在自己的形象上面，这不符合我们的主张。我们觉得应该把意识集中在信息传达和你的听众身上。在练习时你脑子里始终考虑的应该是自己的听众——他们的面庞，他们的反应。如果你把自己设想成是独自一人站在台上，面对着台下黑压压的人群，这样会非常糟糕。

在镜子前面练习演讲时你会对自我形象更加在意，可能会把演讲当作表演而不是与观众的互动交流。站在镜子前面时，你不得不分神考虑自己在说什么，以及怎样说出这些内容。

如果你无法通过其他方式对自己的神态、手势和面部表情进行一般的审查并得到反馈，也许可以站在镜子前面检查一次。

◎ **最后的练习完善风格**

到此为止你应该已经对发言内容成竹在胸，同时已进入一种从容自如的状态。你不应该在最后期限之前仓促地进行大幅度的修改。

如果你要采用道具，应该尽早准备这些东西，以便在最后排练时把它们包括进来。在最后敲定演讲稿的问题上也是同样的道理。检查自己是否遵守了当初的时间安排。练习演讲时，站起来，采用实际演讲的节奏、口吻和声

第一部分　演讲内容：打动人心的秘密

音。向众多的听众发表演讲时，你的音量会比早期练习时高，如果你的演讲技巧不太成熟，比较生硬，这会是件很吃力的事。你要在最后排练时毫无羞怯地大声演讲，就像实际演讲时为了使大家听清楚你必须提高嗓门一样。

接着通读自己的笔记和提纲，但是不要用阅读笔记和提纲来取代正式的练习。

预讲的关键

演讲前的演练除了要注意前面提到的几个问题之外，还要注意一些关键的细节。这些细节主要包括下面几个方面。

◎ **如何让预讲接近实际演讲**

预讲越接近实际演讲的内容，排练的效果会越好。让预讲接近实际演讲的方法有下面几种。

1. 预讲时要站着，大声讲

坐在写字台前反反复复地朗读记录的卡片，是与预讲相差十万八千里的。因为这种做法只能算是在进行某种研究或"做某种准备"，而不是在进行熟悉真实过程的预讲。

2. 预讲时要使用在正式演讲中所需使用的一切材料

正式演讲时你使用幻灯片吗？使用地图、黑板或教学板吗？使用图表吗？那么在预讲中也要使用它们。这就是说，你必须尽量做到"全真模拟"，即使你现在所穿的衣服也应是上场时的服装，而绝不要做"缺席审判"。

3. 在一个与正式演讲的房屋大小、类型都相同的房屋或大厅里进行预讲

你能进入正式演讲时所用的房屋并在那里至少演习一两次吗？如果你有

幸能够做到这一点，那么在进行正式演讲时，你就很容易因某种熟悉感和亲近感而较快地找到感觉、进入状态。如能这样，你的演讲就已经有了一半成功的把握。

4.尽可能地在听众面前预讲

让你的亲人、朋友、秘书、同僚听你的预讲，听听他们的批评和反应。他们是否听明白了你的演讲呢？你的演讲把他们说服了吗？他们认为你的表情和声音是否适当？你有没有什么习惯性的特殊偏好使他们感到厌烦？你的服饰看上去能给观众以某种美感吗？

◎ **排练多久才能听上去自如并且充满自信**

关于这个问题，有人说："事先练习一般是不可取的。……未经练习的发言显得新鲜、自然，只有第一次从口中流出的思想才能这样。"这是肤浅的说法。要想听上去自然就得演练，而且不止一次。有些人认为，他们在发言或讲演之前所要做的只是在路上把稿子看一遍。这样的人太多了。他们不会显得自然，只会显得毫无准备。

古希腊著名的演讲家德谟斯梯尼对事先演练抱着非常重视的看法。他把自己关在地下室书房里达三个月之久，用来学习演讲的技巧。为了保证自己不会在达到目的之前出来，他把一边的头发剃光。等头发长出来后，德谟斯梯尼才走出地下室，终于成为一位造诣颇深的演讲家。

《说话的艺术》一书的作者曾批评那些不够重视演习的演讲者。在上演节目之前，演员要一遍又一遍地彩排、练习。但是，作者认为，我们中间没有其他演讲者这样煞费苦心，尽管他们把大量的精力花在充实自己的知识上。这表明，对这种技能的忽视更多地缘自对其意义的认识不足。为什么演讲家不能像演员那样进行多次的演练呢？为了准备发言，我们并不用像德谟斯梯尼那样在地下室里待上三个月，但是为了能在讲台前控制会场和吸引听众的注意力，并且避免局促感，应该大声地练习至少四遍。

◎什么时候进行最后一次演练

越晚越好。如果你九点钟发表演讲，早上六点钟起来演练，这样在讲台上你对稿子就会像对一位密友一样熟悉。在讲台上，头一天没有演练过的讲稿会变得十分陌生，而在发言前刚准备过的稿子就像为眼睛准备的快餐一样。许多人说，他们没有时间演练。如果没有时间练习，就不要接受演讲的安排。奥基尔维和玛瑟公司的荣誉总裁齐克·埃里奥特花二十八个小时准备一个发言。他能挤出时间，并因此获益匪浅。他是我们知道的最好的演讲者之一。

◎发言时怎样保持目光前视

稿子上的句子向你的眼睛和舌头发出指令。如果你已经练习了四遍，对稿子的内容应该很熟悉，因此你可以做到百分之九十的时间目视前方。在开头、结尾、提问、警告、激动的时候，眼睛都要抬起来，要对听众的关注作出反应。

◎怎样才能使自己的声音打动人

为了知道别人听你的声音感觉如何，在大声练习了四遍之后，把你的讲话录下来，放一遍听听。最能打动人心的是充满力量的声音，快慢相间，句子有长有短，还要有停顿，从而产生效果。关于发声方法，可以这样试试：把手放在腹部肋骨向两边分开的地方，像划船那样收缩腹肌，同时吐气发出"嘶"音，越长越好，利用缩肌协助发出噪音。胸部共鸣产生美感，鼻腔共鸣让人难受。如果你感到自己鼻音太重并想除去它，就把一只手放在腹上，另一只手平放在胸部。讲话时，胸部的那只手应能感到肋骨的振动。连续发"漏、漏、漏"的声音，看是否感到胸部共鸣，反复练习，直到有那种感觉。

总之，在你学习演讲时，你应当遵循上述这些步骤进行准备工作，它会正确地引导你的演讲走向成功。请你千万不要绕开这些步骤而异想天开地想走捷径，一旦你走了捷径，很可能就会误入歧途。因为捷径之中往往就隐藏着陷阱。

第5章　风格：树立属于个人的品牌

给演讲表达定一个基调

演讲的表达一般都有一个基本的基调。基本基调决定演讲活动中的许多因素。

闻一多先生的《最后一次演讲》就在开篇确立了演讲的基调。

开始，闻一多先生不是慷慨激昂，而是把语调处理得很深沉、平静，似乎把一切愤慨都埋藏在心灵的深处，以一种"忍"的感觉，为后面的爆发"蓄力"。接下去感情奔泻而出，慷慨陈词，气吞山河。

高尔基曾说过："最难的是开始，就是第一句话，如同在音乐上一样，全曲的音调，都是它给予的。"这也是对演讲基调的充分肯定。

演讲者应利用语言的变化技巧（如轻重、快慢、升降、停连等）把基调定好，以引起听众良好的思维定向。

一般来说，开始时要做到缓、平、稳，如果开始太高，到后来感情的强烈处就会声嘶力竭；如果开始过低，一些叙述性的部分表达时将没有力度，以后再突变高音就显得不和谐。基调确定好以后，切忌保持平坦行进，而应该有起有伏，有张有弛，前后照应，变化无穷。

演讲基调的确定还要注意到第一个音节的体现：第一音节发音不能太促，不能太响，应形成一个喇叭形，由弱到强。如读"啊"字，要表现出一个过程。当然，也不能太做作。

形成自己的演讲风格

演讲风格有不同的类型，比如幽默型、深沉型、绚丽多彩型等。演讲者只有形成自己的演讲风格才能使自己的演讲充满生机和活力。演讲风格一旦形成，就有了自己的稳定性和变异性。

◎ **培养自己说话的风格**

培养自己讲话的风格，使其独树一帜，对你的讲话将起到意想不到的效果。

一个人说话有自己的风格，才容易吸引别人，并产生应有的魅力。同样，如果你想成为说话高手，那么，你的说话风格必须有某种独特的地方，以便引起人们的注意，或者使人们容易记住你。你可以利用自己的长相，或身体某种特殊之处，来引起别人的注意，但这只是暂时的，是远远不够的，它只能帮助你引起人们的注意，而不能真正吸引人们。除非你有伟大人物的那种超凡的魅力，否则你必须培养自己说话的风格，这才是使你让别人信服和不忘的最好方法。

美国的依阿华州锡格尼市的凯欧库克旅馆是方圆几十里的流动推销员

第5章 风格：树立属于个人的品牌

最爱去的地方。他们不管远近都想到那里去投宿。为什么呢？因为那里的店老板，人称"快乐的韦勒"，是一位笑口常开的人。他对谁都能说上几句好听的话，人们认识他这么多年以来，从来没有听到他对谁说过一句不顺耳的话。韦勒有他与众不同的地方，说话有他自己独特的风格。后来他成功了，成为当地有名的富翁。

　　记住，你谈话的风格，你与别人交谈的方式，都能为你的名声和你的成功作出重大的贡献。如果你对下级讲话趾高气扬，甚至用鄙视的口吻，那下级就会怨恨你。如果你对上级讲话过于谦恭，他们就可能认为你缺乏能力或没有骨气，不敢委你以重任。你讲话的风格，不仅是你使用词汇的问题，而且是你使用词汇方式、方法的问题，从中也能反映出你的态度和修养。因此要想树立自己的讲话风格，说话就不能忽左忽右、变化无常，更不要试图去模仿别人，表现出不属于自己风格或不适合自己风格的东西。虽然学习别人是件好事，但不要故意去模仿别人的风格或说话的口吻。这种道理很简单，不用多解释谁都会明白，谁都不想遇到一个装腔作势的谈话者。学别人说话，就像那种喝了大量酒的人，他隐瞒不了自己喝了酒的事实，因为人们一闻就明白了，"他把自己当成了别人"。

　　在谈话时，表现出自己自然的风格是上策，但要努力发展你自己的独特风格，而不是去发展别人的独特风格。有些人，当他们与别人谈话时，认为自己有必要装腔作势，或者戴上一副假面具；有些人试图表现得很友善，有的时候甚至表现出媚态；有些人急功近利，就像做电视商业广告一样。这些人的失误在于他们表现的都不是他们自己的本色，自然无法使别人信服。要有自己的个性，你看到的我是什么样，我就是什么样，不管你喜欢不喜欢，但你总会相信同你谈话的那个人是真实的，不是假冒的。无论对也好，错也好，都要真诚地对待每个人。因此，只要把握好说话的分寸、原则，总会受到别人的喜欢，从而慢慢地养成自己说话的风格，因为你用真诚的自我与别人交流，你用自己的风格和别人说话。

◎ **演讲风格形成的途径**

演讲风格的形成，离不开时代特点，因为它在形成过程中，必然要受特定时代的社会现实以及占主导地位的审美观念的影响；演讲风格的形成，也离不开民族特征，因为它的形成，必然要受民族特殊的文化传统和心理状态的影响，从而表现出民族的共同特征。但是，演讲风格的形成，最重要的还在于主观个性风格的形成，即所谓"风格如其人"。而个性风格的形成，则是一个反复实践、探索、体验，伴之以学习和借鉴的渐进过程。因此，要形成自己的演讲风格，并达到完美的艺术境界，没有捷径可走，唯一的办法，就是下决心长期实践，刻苦训练。

美国第十六任总统林肯的演讲风格，以朴实无华、逻辑严谨而载入演讲史册。但是，他的演讲风格绝不是天生的，而是经过长期刻苦的自我训练和反复的演讲实践（包括体验）才形成的。

英国前首相丘吉尔是一个卓越超群的雄辩家和演讲家，他那优美的演讲风格，也是他毕生努力的结果。他从学生时代起就迷醉于本民族的语言，并纯熟地将其运用到自己的讲演中。毕业从军到印度后，在其他官兵以酣睡来打发印度酷热的下午时，丘吉尔却博览群书，广泛求知。在他27岁当选为国会议员后，就开始了他的演讲生涯。在尼克松1952年与丘吉尔的儿子伦道夫的交谈中，当他对丘吉尔的演讲风格表示钦佩时，伦道夫笑着说："那些演讲精彩是应该的，他用了大半生时间写讲稿并记熟它们。"

戴高乐的演讲华贵而典雅、庄重而流畅，这也是他苦心追求的结果。如果没有长期刻苦的训练，反复的实践和体验，戴高乐也不可能形成自己独特的演讲风格。

由此可见，个人独特的演讲风格，是在长期的生活、学习和演讲实践中反复体验、反复训练才逐渐形成的。离开了长期的实践、体验和训练就根本不可能形成具有个人特色的演讲风格。

◎ **演讲风格的类型**

不同的人有不同的演讲风格。演讲风格因演讲者的口才风格不同而各有特点，综合来讲，常见的演讲风格有下面几种。

1.谈话型演讲风格

谈话型演讲风格常常表现为音色自然朴实，语气亲切委婉，清新自然，不加雕饰，表情轻松随和，语境语意纯净、真诚、厚重，形象亲切，生动感人，动作近于平时习惯，毫无矫揉造作之感。演讲者就像与听众拉家常似的漫谈。鲁迅先生有的演讲就具有这种特色。他面对听众娓娓而谈，时而举出些生动的例子，时而用比喻说明事理，将深奥的道理讲得很通俗，将抽象的哲理讲得很形象，使听众在受到教育、启发的同时，享受到语言的美、艺术的美。

例如，《路，在你脚下》的演讲："也许，平庸会对你说：'对酒当歌，人生几何？'哪条大路平稳走哪条，保你一生快乐。如果这样，你在平地上走一辈子，百分之百总使你依然在平地上。"

2.严谨型演讲风格

严谨型演讲风格，表现为语言经过严密而又谨慎的加工，逻辑性强，较多地运用口头语言的强调方式。比如用重音、反复等手法来对某些重要内容加以着重论述。这种演讲风格一般来说态势语言用得不太多，演讲者的站立姿势和位置都保持相对的稳定。在一些隆重的场面，如党代会、人大代表会等政治性演讲中，或者一些重要的学术报告中，我们常常可以见到这种严谨型演讲风格。

3.激昂型演讲风格

激昂型演讲风格，表现为演讲者音域宽广，音色响亮，精神饱满，手

第一部分　演讲内容：打动人心的秘密

势幅度较大，给人以奋发向上、朝气蓬勃的振奋，体现了澎湃宏阔、激越高昂、豪壮刚健、英武奔放的语言风格。例如，毛泽东在延安民众声讨汪精卫大会上所做的《驳假统一论》演讲，就充分展示了他那激昂型的演讲口才风格。他态度鲜明地拿共产党同国民党、抗日民主根据地同国民党统治区进行比较，迎头痛斥了汉奸和反共顽固派的假统一论，揭露他们投降、分裂、倒退的危险倾向，并从正面阐述了共产党的真统一论，表明了抗战、团结、进步的坚定立场。其气势、力度锐不可当，给人留下了深刻的印象。

4.战斗型演讲风格

在战斗型演讲风格中，演讲者一般采用紧张急速的节奏、高亢激越的音调，并借助于锐利的目光、深重有力的手势等来显示出一种战斗的姿态。在民主革命时期，我国许多革命者就擅长于这种风格的演讲口才。

在具体运用战斗型演讲口才风格时，演讲者不仅要以理服人，而且也要以情感人，即通过演讲者抒发的情感来激发听众的感情，从而使之产生共鸣。演讲者抒发的感情必须是真挚、实在的，而不是虚情假意。孔子说："情欲信，辞欲巧。"信，就是真实。庄子也说过："不精不诚，不能感人。故强哭者虽悲不哀，强怒者虽威不严。"

一位演讲者对女英雄刘胡兰的赞颂是这样的：

"敌人一口气铡死了六个同志，让十五岁的你看什么叫死。你早知道那是怎么回事，没眨眼就走过去，让誓言变成画面。当你的头枕在铡刀另一边，你告诉刽子手：不怕死的，就是共产党员！你是站起又倒下的，但归根结底，你是倒下又站起的！"

5.绚丽型演讲风格

绚丽型演讲风格，讲究浓墨重彩、富丽堂皇，既注意内容的厚重，又强调形式的多样化；常采用一些富有色彩的词语和多变的句式，很注重表情、神态、手势，讲究口语表达的轻重缓急和抑扬顿挫，富有节奏感和音乐美，酣畅淋漓地倾吐演讲者的心声；在演讲中，喜欢旁征博引，纵横古今，引用大量名言警句、轶闻趣事、典故史实，以及某些新鲜有趣的材料。这种类型的演讲风格，颇受一些听众特别是青年听众的青睐。

例如，孙淏的演讲《理解万岁》：

"乘着创世纪的诺亚方舟，理解是那只窥探到大自然、衔回了橄榄枝的鸽子；

"沿着千回百折的汨罗江，理解是屈原感叹社会而传唱于今的骚体长诗；

"拨出高山流水的琴声，理解是蔡锷、小凤仙人生难得一知己的知音一曲……"

6.潇洒型演讲风格

潇洒型演讲风格要求演讲者的音调抑扬顿挫，音色优美悦耳，仪表漂亮显眼，动作干净利索，语言新鲜活泼，能给人以错落有序、轻松谐趣、色彩斑斓的优美感受。总之，无论是在听觉上还是在视觉上都要给听众一种"帅"的感觉。比如，其整体风格大约近似于文艺联欢会上的报幕员。这种潇洒型的演讲口才风格比较适用于一些庆祝和娱乐性的场合。

7.柔和型演讲风格

柔和型演讲风格，近似于谈话型和潇洒型演讲口才风格，但又与之不同。它要求演讲者一般要有圆润甜美的嗓音、清晰准确的吐字，并辅以亲切的微笑、柔和的眼神，体现轻柔委婉、纤秀清丽、平和潇洒、曲折生动的语言风格。这样的演讲会使听众的心中荡起一道幸福的温泉。年轻女性演讲者的天赋条件，决定了她们比较适合运用这种演讲口才风格。

王安的《黄土地，我的理想大地》演讲：

"为黄土地添一抹新绿，在凛冽的寒风中倔强地追求，虽然弱小，毕竟想成长；虽然幼稚，毕竟想成熟；虽然局限，毕竟有梦想；虽然默默无闻，

第一部分 演讲内容：打动人心的秘密

毕竟想证明自己的存在……显示着自己做儿子的价值，这就是黄土地赋予我的性格。"

8.深沉型演讲风格

具有这种演讲风格的演讲者在演讲中，音调低沉，节奏比较缓慢，少用手势和体态动作，而多用眼神和面部表情。时而有思恋之情，时而有忧郁压抑之感，使人产生一种沉甸甸的感觉。在追悼会上念悼词或在纪念性的演讲中一般都运用这种演讲风格。

◎ **演讲风格的稳定性和变异性**

一个人的演讲风格一旦形成，就具有相对的稳定性。那些著名的演讲家，在不同的场合，演讲不同的课题，往往都有自己独特的演讲风格、独特的情味和格调。究其原因，就是因为在这些不同的演讲中，都表现着演讲者一贯的思想和审美情趣，使用着某些习惯的词汇和句式，具有与众不同的语言表达技巧。这就说明，一个演讲者的演讲风格的形成，需要经过长期的实践；而一旦形成，便成为稳定的风格类型。

但是，演讲风格也不是一成不变的，而是既有稳定性也有变异性。在一定条件下，演讲风格是可变的。尤其在当前，由于中西文化交流频繁，相互影响不断加深，加上传播媒介的丰富和更新，以及传播活动的扩大和发展，演讲风格正在发生变化，并日趋多样化。

而且，一个成熟的演讲者，虽然具有某种相对稳定的演讲风格，但在不同的演讲场合，也会有不同的表现。例如，有时慷慨激昂，有时哀婉凄绝，有时平直朴实，有时淡雅清新，等等。就一个演讲者演讲风格的发展过程来看，有时也会随着客观因素（如时代、社会等因素）、主观因素（如年龄、阅历、思想修养等因素）的变化而有所变化。

闻一多的演讲风格，如同他的为人、为诗一样，就有一个显著的变化过程。他"青年时代是新月派诗人，中年时代是旧经典的研究学者，晚年成为

第5章　风格：树立属于个人的品牌

青年所爱戴、昂头作狮子吼的民主战士"。从这里可以窥见闻一多演讲风格发展变化的脉络。

总之，一个演讲者的演讲风格，虽然具有相对的稳定性，但同时也具有一定的变异性，是稳定性和变异性的辩证统一。

◎ **形成自己的演讲风格**

演讲风格需要通过演讲者的行动来形成。对于初学演讲的人，要想形成自己独特的演讲风格，必须下一番苦工夫，多学、勤练，久而久之，一定会形成具有个人特色的演讲风格。

在形成演讲风格的过程中，要注意下面几点内容。

1.要有坚强的意志和百折不挠的精神

意志铸造了生活中的强者。任何人要想在事业上有所成就，都需要有坚强的意志。对于希望成为演说家，并形成独具个性的演讲风格的青年人来说，意志则是成功的基石。

有了坚定的意志，我们会对演讲充满成功的自信。

缺乏自信是意志动摇者的一个通病。而当一个人对自己的行为缺乏自信的时候，他是不可能为锻炼自己的演讲而付出时间和精力的。充满自信等于鼓足风帆，"长风破浪会有时，直挂云帆济沧海"。只有信心百倍，才能勇往直前，向预定目标冲刺。

有了坚定的意志，我们就能向预定目标前进。心理学家认为，意志是主体为了实现预定的目标而自觉努力的一种心理过程。要想成为一个演说家，坚强的意志至关重要。因为有了坚强的意志，就会产生必胜的信心，就会克服一切困难，坚定不移地朝着预定的目标走下去。

有了坚定的意志，我们就能战胜自卑和羞怯。说话时面红耳赤，虚汗直冒，或者张口结舌，语无伦次，这种"社交恐惧症"是一种比较常见的心理现象。因此，要想成为演说家，就必须用坚强的意志，战胜自卑和羞怯，追

第一部分 演讲内容：打动人心的秘密

求心理的镇定，做到谈吐从容不迫、落落大方。

有了坚定的意志，我们就有了毅力和韧性。要实现预定的目标，不仅要有始终如一的坚定追求，而且要有百折不挠的坚韧毅力。

雅典的著名演讲家德摩斯梯尼为了纠正口吃的毛病，训练自己的演讲口才，竟把小石子含在嘴里练习，经过整整12年的艰苦磨炼，最后才踏上了成功之路。如果德摩斯梯尼没有坚强的意志，他根本吃不了这个苦，也就根本不可能登上演说家的宝座。

2.抓住一切练习的机会

抓住一切机会，运用恰当的方法刻苦磨炼，是演讲口才家们取得成功的一条重要经验。磨炼的方法是多种多样的，主要如下。

（1）讲

要想学会游泳，就必须下水。如果不下水，那么，游泳知识再丰富，游泳书看得再多，也仍然是个"旱鸭子"。锻炼演讲口才也是如此。只有利用一切机会多讲、多发言、多参加论辩，不怕别人笑话，这样，假以时日，自己的演讲口才就会有长进。终日缄口不语，永远也不会有进步。

（2）读

培根有一句名言："读史使人明智，读诗使人灵秀，数学使人周密，物理使人深刻，伦理学使人庄重，逻辑与修辞使人善辩。"

多读书，会使人头脑灵活，思维敏捷，视野开阔，语言丰富。因此，要锻炼演讲口才，读书是一个有效的方法。当然，读书也包括朗读和唱读。

（3）诵

凡是动人的、充满魅力的演讲口才，都是既倾注演讲者炽热的情感，又有抑扬顿挫、高低快慢的语调。而诵则是锻炼语调的一种有效方法，它同时也能纠正口吃的毛病。诵是背的艺术化，经常诵读，对于提高演讲的口语表达水平，是很有帮助的。

（4）背

赫尔岑说："书是和人类一起成长起来的，一切震撼智慧的学说，一切打动心灵的热情，都在书里结晶成形……"这就告诉我们，书中有充实演讲口才所需的智慧和学问，如论辩的实例、演讲的名篇、语言的艺术等。在读书的基础上，适当地背一些名篇、名段、名句，加深理解，对于训练自己的演讲口才，是大有益处的。

（5）练

"冰冻三尺，非一日之寒"，演讲口才是经过长期磨炼才形成的。古罗马著名雄辩家和演讲家西塞罗说得好："训练有文化素养的雄辩家的方法，不在于背诵演说的规则，而在于实地练习。"当然，练习要根据自己的思维能力、语言水平和心理特征来确定其重点，由易到难，循序渐进。主要应从语音、语量、语力、语调、语汇、语速、语脉、语境、语态九个方面，加以严格训练，扬己所长，补己所短，持之以恒。经过长期训练，肯定能练出好的演讲口才。

另外，我们还要注意在社会实践中磨炼演讲口才。

丰富多彩的社会实践活动是磨炼演讲口才的最好课堂，世界著名的演讲口才大师都是在这个大课堂里锻炼其口才的。

英国前首相丘吉尔的演讲口才是人所共知的，但他刚开始演讲时却感到非常紧张。一次，他在议会发表演讲，刚讲到一半，忽然忘了下文，怎么也想不起来，憋得面红耳赤、冷汗直流，没办法，只好中断演讲，尴尬地回到自己的座位上。

著名的现实主义戏剧家萧伯纳年轻时十分腼腆，见人不敢说话。如果有人请他做客，他总要在人家门前徘徊二十几分钟，才能鼓起勇气进去。后来，他参加了一个叫考求者学会的辩论会。在会上，他开始不敢讲话；后来觉得不能缄口不语，便移动发抖的双腿站了起来，做了第一次当众演讲。这次演讲对他的刺激很大,因为听众把他当成了"十足的傻瓜",他在众人的哄笑声中狼狈地回到自己的座位上。从那以后,萧伯纳发誓要完全掌握演讲的艺术,一有机会就要当众演讲。他遵守了这一誓言,不管什么地方举办演讲会,会场里总会出现萧伯纳。

这样,他们依靠长期艰苦的磨炼,最终获得了成功,成了著名的演说家和雄辩家。

只要下工夫,只要在实践中刻苦锻炼,人人都能拥有好口才,人人都能形成具有个人特色的演讲风格。

提炼自然的演讲风格

没有人喜欢呆板的程序化的演讲。演讲者不仅要形成自己的演讲风格,而且要学会把自己光彩的一面展示给观众,提炼自然的演讲风格。怎样才能提炼自然的演讲风格呢?

◎ **演讲要符合自己的背景**

从自己的背景出发来组织演讲。如果你是个农场主,要在一个肉制品包装公司发言,你用平常和朋友交谈的方式说话,结果你抱怨说下面的气氛冷冰冰的,毫无生气。其实你的职业和兴趣圈中都有自己特殊的说话方式,你可能意识不到这一点,因为周围的人都是这样说话的。

作家杰克·韦伯在写作《骑兵猛龙》时,花费了好几周时间和侦探们一起值夜班。他告诉他们他想了解他们谈论自己职业的语言和说话方式,"我们说得和你一样呀。"但是当韦伯问他碰到嫌疑犯时,他的第一反应是什么,他说:"我先去R(记录)和I(查明身份)部门,然后去找嫌疑犯的P

（犯罪记录）。"韦伯兴奋地大叫："对了，我找的就是这个！警察语言！"我们应该借鉴韦伯的经验，收集一些行业的特殊用语，用在自己的语言中。

这些地道的表达能使最普通的演说变得非常亲切，而且能让别人感到你是业内人士，更加仔细地聆听你的高见。

◎ **选择自己熟悉的内容**

如果谈话内容是自己熟悉的，那你就会非常自信，这样就能给听众带来权威感，人们会非常认真地听你发言，而忽视你的语法错误。

◎ **自己不会时要勇于承认**

如果别人问你一个你不熟悉或不懂的问题，千万不要不懂装懂。因为你的谎言迟早会被戳穿，别人就会怀疑你的信誉，认为你不是一个值得信任的人。最好的办法是承认你忽视了这个问题，会想办法了解更多，并且弄清楚答案。如果这样做，人们不仅不会看不起你，还会认为你是个坦率和真诚的人，从而更加尊重你。

◎ **说话要自然**

用你自然的语调和语速说话，不要隐藏自己的口音、语调等特别的说话方式。调查显示人们对说话音调过高的演讲者非常反感。口音其实代表一个人具有丰富的人生阅历和深厚的人生经验。想想那些著名的演员或演说者，不正是独特的嗓音使他们与众不同吗？这说明特殊的腔调和说话方式不仅不会有影响，反而会增加你演说的吸引力。人们可能认为你的观点更有分量，而且更加睿智。即便你在发言时出现小小的失误，口音甚至可以弥补这些失误。所以你完全应该轻松地讲话，因为口音可以让你的演说起到事半功倍的效果。

◎ **在演讲中赋予真情**

在说话时，你不要让别人觉得你要把自己的观点强加于人，或者过于激动，让听众感到来不及反应。不过，你完全可以让自己的情感自然流露——

热情、兴趣、愤怒、同意、疑惑——只要是你的真情实感,都可以自然地宣泄出来。世界级的演说家都承认再煽动性的语言也没有自然的情感来得更有说服力。(再贫乏或枯燥的主题,只要演说者表现出强大的兴趣,其他人也会认真聆听,想弄明白兴趣所在)

这里提出了一些建议,你不妨试试。

(1)我的语音是否单调?

(2)我使用什么样的语言?

(3)演说时要辅以手势吗?

(4)我的体态动作是否过多?

(5)我的仪表传达了什么信息?它对演说有促进作用吗?

(6)我的体态动作、说话语音和遣词造句是传达了同一信息,还是互相冲突?

你不断地给自己提出这些问题,这也正是听众会提的问题。这些问题将有助于引起你对演说风格的关注,有助于你意识到需要改进的环节并切实地改正它。当你向自己提这些问题时,你会惊奇地发现,自己在某些方面还存在着不足,你也懂得怎样去修正它并力求使自己做得更好。

第二部分

编排故事:说一个好听的故事

第6章　让人忘记初衷的好故事

用杀人的故事救活所有人

相传很久以前，在古印度与中国之间的一座海岛上有一个萨桑王国，国王名叫山鲁亚尔。有一天，国王提早狩猎归来，竟然在自己寝殿的床上发现了四条腿。其中两条腿是王后的，另外两条则是黑人奴隶的。国王为此十分愤怒，当场下令将两人处死。而他对王后行为不端的愤怒，也渐渐转变为对所有女人的憎恶。此后国王每天都会娶一少女，并在初夜过后，将其处死，以示报复。自此，许许多多的少女像雨后的木兰花一样簌簌凋零，而国王如此残暴的恶行，也使得民心尽失，人心惶惶。

宰相家中的大女儿为了拯救无辜的少女和天下苍生，自愿嫁给国王。送女儿出嫁那天，宰相家中哭声不断。然而当噩梦一般的夜晚过去后，在极度悲痛中前去收尸的宰相被惊呆了。原本以为已经死去的女儿，竟然笑眯眯地站在那里！

世界著名的民间故事集《天方夜谭》就是这样开始的。这个女子名叫山

第6章 让人忘记初衷的好故事

鲁佐德,而她能够幸存的原因,正是在于"讲故事"。在连续讲述了一千零一个故事后,山鲁佐德不仅赢得了国王的心,更赢得了百姓的尊重。

如果希望自己说出的话能够打动人心,就要学习山鲁佐德的战略。因为这个女子对说服的秘诀了如指掌,堪称最佳故事讲述者。

来,让我们重新回到山鲁佐德进宫的那天晚上。

山鲁佐德进宫以后,请求国王允许自己与妹妹做最后的道别。国王同意了她的请求,并将她的妹妹宣入殿内。在事前已与山鲁佐德对好口径的妹妹,向国王提出了请求,希望能最后再听姐姐讲一次有趣的故事。由于好奇心作祟,国王便允许山鲁佐德讲故事,自此便落入这对机智姐妹的陷阱中。

从那时开始,山鲁佐德每晚都讲一个杀人的故事。阿拉丁和神灯,阿里巴巴与四十大盗,航海家辛巴达历险记……所有的故事都神秘、充满激情,富有趣味和想象力。同时山鲁佐德还采取了一个非常聪明的战略,她总是在第二天天亮时分,故事就要到达高潮时停下。就像电视剧编剧在每一集的最后都会留下悬念以此诱使人们产生对下一集的关注,山鲁佐德也将故事延长,吊足了国王的胃口。即使是铁石心肠的暴君也不能忍受对于"后来"的好奇。正因为国王沉浸在这些魔幻故事中如痴如醉,山鲁佐德才能够一天一天地推迟了死亡的到来。

山鲁佐德的故事能够让国王如此沉醉,除此以外还有一个很重要的要素。

"最终他失去了魔毯,从此再也不能与心爱的公主见面,主人公终日以泪洗面、悔恨不已。"

通过一篇篇饱含着人生的喜怒哀乐、成功与失败以及人生的智慧和教训的故事,使得国王原本扭曲的心灵渐渐平静下来。在一千零一个夜晚的感动与感化下,国王终于幡然悔悟,将山鲁佐德视为终身伴侣。此后,国王施行仁政,国家千秋万代、繁荣昌盛。

故事中蕴含着惊人的力量,不但能够吸引人们的关心和注意,还可以感动人心。

如果当时山鲁佐德没有采用讲故事的战略,而是直接说出"陛下,这样下去国家会变得四分五裂,请您三思。"这样的谏言,可能不但无法挽回国王的暴政,而且她还会当场丢了性命。

有史以来,故事一直伴随着人类的发展,但最近全世界的人对于"故事"的关心度却是史无前例的高涨。将想要传达的信息融入故事中的演说技巧,在文化、艺术、企业、政府、地方自治团体、教育界等社会各个领域中都受到了广泛的欢迎。理由很简单——容易记忆并且效果持久。

日常对话也是如此。讲故事并不一定要选取场面宏大的复杂故事。凭借自己富含真情实感的故事同样可以吸引对方的注意力,瞬间抓住对方的心。只要领会了讲故事的核心技巧,每个人都可以像奶奶对孙子孙女讲述旧时故事一样,边说着富有趣味的话语边向对方内心深处植入自身的意志和信息。

林肯曾经说过"不管多大岁数,如果没有说话的主题,便会惊慌失措"。想让每个人都对你的发言集中注意力吗?想和内向的人成为朋友吗?想要吸引那些对你没有兴趣的人吗?想要获得听众的认可吗?强大的说服力就是成功最大的原动力。

如果能将演说以更有趣的方式表达出来,这难道不是一件很美好的事情吗?只要将故事融入你所要说的话中,就可以拥有这样的效果。而本书中就包含了这样的核心技巧。

感性大于理性

人生有三件事是无法隐藏的,打喷嚏、爱情和沟通的本能。结束了一天

第6章 让人忘记初衷的好故事

的学习和工作，回到空无一人的家中，你会最先做些什么？大部分人应该会先打开电视或电脑的电源开关。这便是沟通的本能所造成的。天生便具有沟通本能的人类为了满足这样的欲求，发明了许多沟通方法，讲故事便是其中历史最悠久、效果最强烈的方式之一。

讲故事（Storytelling）具有"将故事传达"的意思，同时也是一个将"story（故事）+tell(说，讲)+ing（进行中）"三个要素结合起来的词汇。详细来说明的话，就是将所要表达的信息包含在生动故事中的一种具有说服力的表达方式。

故事（Story）分为两种：一种是"虚构的，有趣的故事"，一种是"实际生活中发生过的事"。不论虚构或是真实的故事，都将某些事物或现象中蕴含的一定的梗概，以话语或文字的形式表达出来。

讲故事中的"讲（Tell）"字也蕴含着比单纯的"说"更加丰富的含义。这个词意味着时间概念和视觉、触觉、听觉等感官信息的传达过程。同时讲故事还具有双方共享时间，并产生相互作用的含义。

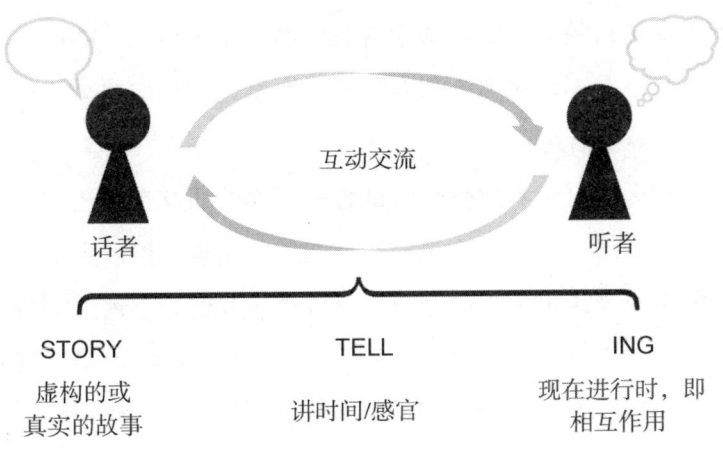

讲故事是什么？

第二部分　编排故事：说一个好听的故事

　　总的来说，讲故事的过程就是讲故事的话者与发挥想象力听故事的听者之间的相互作用，是故事、话者、听者这三方并存时，听者积极参与故事的一种过程。

　　人们都喜欢听故事，因为说话和编故事是人类的本性。故事是人类认识世界的工具，也是承载着思想和感情的寄托。从学术角度来说，讲故事是通过多样的形式表达人类的基本需求——与他人沟通思想的过程，同时也是一种让他人更容易接受自己想法的方式。讲故事是与人交流沟通中重要的、有效的道具。举例来说，在2000多年前，佛祖为了使弟子更易理解佛教的教义，讲述了许多饱含真理的寓言故事。古希腊故事大师伊索的著作《伊索寓言》，就是为了说服当时的政治家、知识分子以及普通百姓的故事宝库。著名哲学家柏拉图和亚里士多德为了引导大众，也是很早就开始运用讲故事的技巧。

　　在一对一谈话或大众演说的过程中，说服对方最好的方式，就是讲述直接刺激对方好奇心和欲求的故事。因为讲故事可以使话者和听者之间产生共感，并具有"使人沉醉的魔力"。

　　讲故事具有容易引发听众的共感、指明问题点、明确给出解决方法的优点。懂得说话之道的人们经常采用讲故事的方法来传达核心信息、改变听者的想法。讲故事并不像想象中那么难，只要掌握"构成故事"的原理，谁都可以成为一个会说话的人。

　　人们为什么热衷于听故事呢？试想一下你的朋友在讲述他与爱人相处时的情景。一定有那么一两次边说"我就知道是这样，然后呢？然后他说了什么？"边催促对方讲出下文的经历吧。故事离我们并不遥远，日常生活中所经历的种种小事不正是我们自己生活的故事吗？将这些经历利用技巧重新加工，便可以成为打动人心的精彩故事。

　　数码革新的标志性人物史蒂夫·乔布斯，以卓越的现场表达能力驰名。

第6章 让人忘记初衷的好故事

看过他在发布会上演说的人们都有一个共同的感觉——"就像看了一部电影或戏剧一样！"

这实在是一件伟大的事情。即使是很简单的新品发布会，经过乔布斯之手便使观众目不转睛，神魂颠倒。乔布斯的表达既有起承转合的间架结构，又有电影中戏剧性的反转。他的秘诀就在于讲故事。

乔布斯的发布会就像戏剧一样有着动摇人心的作用，参加发布会的人们纷纷表示想要亲自拥有苹果公司的各种产品。乔布斯作为一个企业家，却可以向大多数消费者植入购买欲望，不愧为市场营销的模范式人物。

故事是电影和戏剧中最基本的要素。如果故事本身很贫乏，那么不论采用多么华丽的场面，多么绚丽的电脑制作画面，多伟大的宣传手法来包装，也不会有什么特别好的反响。沈炯来导演的作品《龙之战》（D-War）就是一个很好的例子。这部标榜着大型科幻电影的作品拥有数百亿韩元的天文制作费，影片中也不乏震撼的电脑特效场面，虽然在其上映初期吸引了许多关注，但最终没有获得好评。其原因就在于缺乏能够使观众沉醉其中的故事情节。

大众演说虽然是日常对话的延伸，但与日常对话有着很明显的差异。大众演说是以"说服"为目的进行的。虽然在日常对话中也需要一定的说服技巧来邀请对方、请求对方，但是一般来说，都是以沟通信息、分享兴趣、交流感情为目的的。与之相比，大众演说虽然有多样的种类和方式，但是总体来说都是以说服人心作为最高目标的。

乔布斯将听众们的注意力集中在他身上，并把自身的主张移植到听众身上的强效手段，向我们淋漓尽致地展示了故事的重要性。故事的力量在科学角度上也说得通。认知科学的研究成果表明，在人们做重要决定的瞬间，感性是多过于理性的。所以能够引发人们共感，刺激感性的故事，左右着人们作出决定的瞬间。

第二部分　编排故事：说一个好听的故事

世界著名未来学者罗尔夫·詹森曾经预言，人类的发展在历经渔猎文明、农业文明、工业文明和目前以计算机为标志的信息时代之后，即将跨入第五种社会形态：梦想社会，并且故事就是梦想社会的核心理念之一。

故事表现力就是说服力

乔布斯在发布会上的表达技巧以及选秀节目中的故事战略，可以有效运用在说话的方式与技巧中。不论是两人之间的对话，还是面对数十人、数百人的大众演说，故事都可以打开对方的耳朵而成为心灵的钥匙。

试想你去参与一个两人面试的情景。其中一个应聘者的自我介绍像读履历书一样枯燥乏味，另一个应聘者的自我介绍却像一分钟小说一样富有才华和幽默。在他们两人之间选出优胜者，你会选择哪一个呢？自然是后者。与外貌和学历无关，只要富有趣味和才气地讲出属于自己的故事，便可以获得任何人的好感。

大众演说和发布会也可以视为对话的延伸。其差别就在于是否以"说服"对方为目的。一般来说，以说服为目的的日常对话所占比重并不大，所以在日常对话中没有必要一定要说服谁，只需要讲出一些引发好感、共通感情、彼此感兴趣的话题即可。

但是大众演说是以说服为根本目的的，即使大众演说的内容和方式各不相同，但是没有一个演说者希望听众对自己的话一只耳朵进一只耳朵出。所以大众演说可以被称为说服听众的过程。"讲故事"就是在大众演说方法中最能有效提高说服力的手段。如果亚里士多德没有采用经过巧妙设计的故事，就不可能完美地阐述对于悲剧的理论。所以如果能够巧妙地运用故事，不论在日常对话抑或大众演说和发布会中,都可以增强自身的魅力和说服力。

假设你想开展一个以"保护底层人生的权利不被上层人士侵犯"的活动,就需要为此募集合作者。

如果在潜在的合作者面前生硬地表达自己的主张,不会获得很多呼应。但是如果一起观看茱莉娅·罗伯茨主演的电影《永不妥协》,情况就会发生变化。

《永不妥协》是根据真实素材改编的电影。在看到电影女主人公为了帮助弱者维护自己的权利而进行的不懈斗争,为了保留自己的灵魂和自尊永不妥协的真实剧情后,便能够自然而然地与主人公产生情感上的共鸣。电影结束后还可以与朋友们讨论剧中女主人公所展现出的勇气和行动。这样一来别人也自然会更容易赞同你的想法。

美国北卡罗来纳大学心理学科教授米拉妮·格林在2004年发表的论文《谈话过程》中解释了这样的现象。

"出色的、与自身经历相符合的故事可以引发与作品主人公的一体感,并诱发对作品格外的偏爱。这样的现象被称为叙事转移。读者之所以会被故事吸引,是因为故事中包含着对于现实世界的想法和感觉。"

如果听众的"现在"能够与你要讲述的故事的主线相连接,那么你的故事不但会拥有强烈的波及力,也会具有最高的说服力。

大脑用故事记忆

有一个医大的学生,能将许多医学专业的书籍流畅地背出来。他的秘诀就是将背诵的内容编成故事来帮助记忆。举例来说:

第二部分　编排故事：说一个好听的故事

> "肠外瘘Enterocutaneous fistula"，"短肠症候群Short bowed syndrome"
> "肝功能不全Liver failure"，"肾功能不全Renal failure"，
> "烧伤Burn"
> → 将肠外瘘与短肠症候群、肝肾与烧伤结合进行联想记忆

　　原来记忆中也包含一定的故事技巧。每个人在学生时代遇到需要背什么东西的时候，都会编一个特定的故事或者歌谣帮助记忆。我们都有过这样的亲身经历，如果把零散的内容依附到故事中就会变得更容易记忆，同时也会记得更久。

　　从科学的角度上，也证实了人脑利用故事形态来记忆重要的东西。根据研究表明，人脑中存在一个专门储存故事的区域。因此如果想要在自己或他人的脑海中留下特定的信息，把它们编成故事就是一种很好的方法。

　　"故事记忆区域"的容量相当大，可以储存无数个故事。长期存放在大脑中的故事也会影响一个人的行动，并给他人和社会带来影响。

　　根据掌管人类认知体系的"脚本理论"来说，大脑中的信息是有机连接的。日常生活中所展开的事件按照一定的主线梗概进行储存，对主线进行剖析就可以理解当时状况和事件的脉络。这与心理学上的"图式理论"一脉相承。

　　知识结构是指"记忆中有体系、有组织地储存的知识构造"。这里的知识不仅包含文字性的一般知识，也包含通过经验获得的世界上的所有知识。正是这个知识构造影响着人们的认知和记忆、推论和判断。总而言之，知识结构也可以称为"用来认知世界的框架"，并随着经历和刺激的增多而产生变化。

　　人脑在无数的信息和刺激中选择并过滤，最终只接收其中很小的一部分。这个时候，第一次接触的对象，是最有可能被首先接收的。因此只有震撼人心

的故事才能有效地渗透对方的认知体系，并且加速形成新的知识结构框架。

让我们更深入地了解一下负责人类记忆的大脑的运作原理。实验心理学的先驱者、德国心理学家赫尔曼花费了16年时间对遗忘进行研究，得出了众所周知的遗忘曲线理论。根据他的研究成果，人的大脑在接受信息10分钟后便开始遗忘。

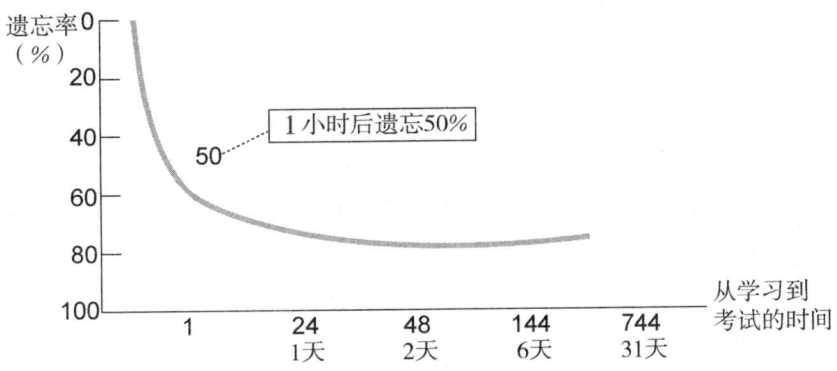

赫尔曼的遗忘曲线

大约1小时后，进入人脑的信息50%被遗忘，大约1天之后，70%以上的信息被遗忘，大约一个月后80%以上的信息都会被自然而然地忘掉。

那么在大脑的遗忘过程中，哪些信息得以幸存呢？

在大脑皮质边缘系统中有一个被称为"海马体"的部分，这部分中的神经元不断接受新信息，并决定扔掉已输入的信息（短期记忆）或是长久储存的信息（长期记忆），"海马体"在这个过程中起着决定性的作用。

海马体把有趣的事物、认为重要的事物、新事物以及可以视觉化的事物转化为长期记忆。所以把信息视觉化并赋予不同意义的海马体，如果认为这是一件新事物，就更有可能把它储存在大脑的长期记忆区域。在说话时也可以运用这个方法。

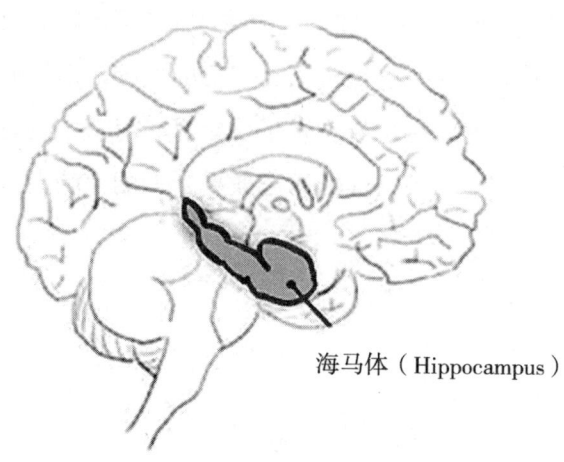

大脑中的海马体

A. "大家好,我们在小区巷子里面安装监视录影吧!"

B. "大家好,上个月隔壁小区发生了一件女性在小巷中被杀的案件。但是由于没有任何目击证人,至今案子仍未侦破。我们小区也有可能会发生这样的案件,所以为了预防此类事件的发生,我们来安装监视录影装置如何?"

以上两人,哪一位所说的话能给人留下更深的印象呢?当然是后者了。如果像A一样只是单纯地讲出"事实",那么所说的话不到10分钟就会进入"遗忘区域"。但若像B一样将自己的主张变成与听者相关的事情,赋予新的含义并通过将事件视觉化展现其重要性,人们的态度也会产生一百八十度的大转弯。

此外,采用将核心信息反复、重复,并强调其"重要性"的方法,也可以使听者的"海马体"对其产生深刻的印象。

第7章　有代入感的故事才能以情动人

赤裸或许就是难以接受的真实

在一个暴雪纷飞的寒冬，一个被冻得瑟瑟发抖的赤裸的少女走入一个村庄，少女的名字叫"真相"。

村民被雪中赤身裸体的少女的样子吓坏了，都跑回自己家中关上大门。少女心如死灰一般绝望。这时，有个名叫"寓言"的少女给赤裸的少女肩膀上披上了一件"故事"的披风。穿上披风的少女鼓起勇气敲开门，村民们就像完全不记得之前发生的事情一样，打开门让少女进来，给了她热乎乎的饭菜，让她一起烤火取暖。

在犹太人中间流传的这个故事，向我们说明了人类本能上所偏爱的沟通方式。比起直接说出的"事实"，人们更容易接受"披上故事外衣的事实"。

不管直言吐露的事实还是客观的真相，都容易像前文所说的赤裸少女

第二部分　编排故事：说一个好听的故事

一样受到防备和拒绝。这是因为人们都对于特定的事实有着自身的固有观念。所以如果可以把事实与情感、故事相结合，就可以降低对方的拒绝感与戒备心。

故事顾问理查德·麦斯威尔曾说过，"讲故事就是把情感植入事实的转换过程"。从历史角度来说，讲故事也一直被广泛使用于说服的过程中。请仔细阅读下面的两个例子。

"向寡人进谏者，一律处以死刑。"

楚庄王在下了这样的命令之后，完全不理国政，沉溺于酒色之中。但是畏惧死亡的大臣们谁都不敢站出来，除了闭紧嘴巴忍耐再无他法。就这样过了三年，终于有一个名叫伍举的忠臣做好了赴死的准备，来到楚庄王面前。就像往常一样，楚庄王正在和舞姬们饮酒作乐。

伍举的到来使楚庄王的脸色沉了下来。

"我不是说过了，所有进谏的人都会被处以死刑，你怎么还有胆来？"

伍举磕了头禀告说：

"并不是这样，微臣只是想出个谜语给宴会助兴。"

楚庄王答应了，伍举说：

"在一个小山坡下面有一只巨大的鸟。但是那只鸟在三年时间里既不叫，也不飞。这只鸟到底是什么东西呢？"

楚庄王这样回答道：

"这只鸟虽然三年都没有飞过，但是只要想飞就可以飞到天那么高，只要叫一次便可一鸣惊人。因为知道这件事，所以就这样既不飞也不叫。"

既不叫也不飞的有问题的鸟，实际上是伍举在委婉地比喻不理国政的楚庄王。不久以后，楚庄王结束了荒淫的生活，重新专注于国政。不久后楚庄王把所有的奸臣都处决了，并成了春秋五霸之一。而这段逸事的背后还隐藏了楚庄王为认清贤臣与奸臣，假装沉迷酒色三年的有趣的小故事。

第7章 有代入感的故事才能以情动人

打开楚庄王心门的钥匙正是"被移入情感的事实"——故事。故事有着打动人心的作用，讲故事的方法也可以使故事拥有更强的感染力。

故事在市场营销和广告中也有着广泛的应用。最近美国的一个团体分析了323个美国电视广告的内容，得出的结果是60%以上的广告都有相应的故事结构。

为了理解广告的运作原理，就必须理解广告中所包含的故事。文化主题的核心是讲故事，而广告作为文化主题之一，讲故事也在其中起着决定性的作用。

原始的故事本能

美国认知心理学专家罗杰·恰克认为，人类本能地将知识和记忆结构以故事的方式构成。在中国有一个与他的理论相关的神话，让我们一起来看一看。

南海的大帝名叫倏，北海的大帝名叫忽，中央的大帝叫混沌。倏与忽常常相会于混沌之处，混沌款待他们的食物十分丰盛，倏和忽在一起商量报答混沌的深厚情谊，说："人人都有七窍用来视、听、吃以及呼吸，唯独混沌没有，我们试着为他凿开七窍。"他们每天凿出一窍，凿了七天之后混沌也就死去了。

庄子通过这个故事表达出了自己的主张，混沌之境是真朴的自然之道，顺应自然是生命真正的归宿和最高境界。

神话包含了古人对于宇宙和人生的理解与认知。古人把时间的流逝，季节的转换，诞生与死亡等哲学的内容融入故事中使人更易接受。

不论西方或东方，人们从很久以前就开始通过故事来理解世间万物。

故事是表达意思的最原始、最基本的形式，也是人类认识自我和世界的引路人。法国思想家让·保罗·萨特曾说过："人类利用故事来理解世间万物。"讲故事也因触碰人类意识的原始形态而具有力量。

故事的另一个重要功能是展现自身的内在价值。每个人都喜欢听故事，每个人都有向他人展示自己的本能。故事和说话是确认自身存在感的最普遍的方法。

故事也是出色的说服手段。虽然通过哄骗、阿谀奉承或威胁等很多种方式都可以影响他人，但其中最有效的方法是引导他人的想象力，让他自己推断出事情的结果是什么。故事正是起到了这种作用。

故事可以唤起亲切感，消除说话者与听者间看不到的墙，发挥强大的力量。耶稣通过寓言来打动人心，道教和佛教也利用故事使人顿悟，伊斯兰教圣典中利用故事的形式展现出先知穆罕穆德的人生和教训，罗斯福和丘吉尔这样出色的政治家也利用故事使国民更加团结，历史上有影响力的人全部是当时屈指可数的优秀的故事家。

故事是麻烦终结者

在传达同一件事情时，只说出"事实"和以讲故事的方式来进行有很大的区别。虽然"事实"很重要，但是"故事"更加重要，简单且恰当的故事可以发挥极好的效果。

2009年，卡耐基梅隆大学实施了一项以调查"抽象的事实和有关事实的具体故事中哪一个会对人类的行动产生更大影响"的实验。

第7章　有代入感的故事才能以情动人

　　首先他们将参与实验的人分为两组，分别给他们看两封不同的信。其中一封信中记录了马拉维粮食不足的相关现象以及严重的干旱情况所引发的农作物不足的统计数值。另一封信中记录了马拉维的贫穷少女罗琦亚的故事。两封信都在结尾部分呼吁人们为马拉维捐款。

　　结果怎样呢？

　　阅读仅列出统计数据和事实的信件的学生平均捐款额为1.14美元，而阅读另一封具有生动故事的信件的学生平均捐款额为2.38美元，比前者多出一倍有余。

　　心理学家认为如果拥有丰富的故事，就具有解决复杂问题的能力。根据心理学的证据，故事也可以与创作力、想象力以及感情相结合。

　　正如前文所述，讲故事是增强共鸣感和亲切感的好方法，也是将信息差别化的特殊方式。故事在一对一对话、大众演说、发布会等多样的形式中帮助人们自然地说出想要说的话，同时也具有营造气氛的作用。

讲故事的实用性

一对一对话　　大众演说　　发表

讲故事

形成内容的差别化、共感带/亲切感

　　讲故事的优点如下：

　　第一，可以同时刺激听者的左脑和右脑。人的左脑负责理性思维，右

第二部分 编排故事：说一个好听的故事

脑负责感性思维，左脑处理事实与数据，右脑产生感情和创意。在观看演说时，左脑接收说话者传达的信息，右脑则注意说话者的行动。所以如果将事实与故事相结合，可以极大地提高传达效果。

第二，故事可以影响人的感官。人在学习时获得信息最多的是听觉类型、视觉类型和体验类型这三种形式。而讲故事正是把这三种类型有效结合起来的一种方法。

讲故事首先会刺激人的听觉。声音或快或慢，嗓音或高或低，抑扬顿挫、强调点不同，也会对听者的听觉造成不同的刺激，使人集中精神。

讲故事的本质是视觉化，听到的话在脑中会变成画面。此外利用简单的身体动作，把故事内容演出来也可以刺激视觉。同时讲故事还可提供间接的体验。人们如果听到精彩的故事，就会沉浸其中，继而对故事中的冒险、喜悦、痛苦经历产生共鸣。

第三，通过讲故事可以对相似主题的内容赋予更高的独创性。拿牛奶广告举例来说，牛奶广告大多数都大同小异，因为能将牛奶产品差别化的特征并不多。因此大多数企业都一致以"牛奶对健康有利"这一信息作为卖点，但有一个广告却与众不同。

2009年，美国加利福尼亚乳制品加工业界协会举办了一个以鼓励喝牛奶为主题的营销活动。在其中一个活动环节中，制作了一条包含童话故事的有趣广告。广告内容包括患有严重生理痛的公主在喝了王子所赠的牛奶后露出笑容，头发变成蛇的美杜莎在喝了农夫拿来的牛奶后又重新长出绸缎一样的发丝。

这个宣传活动抛弃了固有的"牛奶对健康有益"的广告形式，利用新颖的故事传达出牛奶不但对成长期的小孩有利，对成人也有利的信息，并获得了巨大的成功，使牛奶消费量大幅提升。

讲故事可以打开人们的耳朵，给人们留下记忆，并引导人们的行动。

第7章 有代入感的故事才能以情动人

美国知名演说家弗雷德里克·道格拉斯曾说过:"如果我能说服别人,我就能转动整个宇宙。"如果能够熟练运用讲故事的方法,我们也可以转动宇宙。

第8章　好习惯能使你成为会讲故事的人

习惯创造卓越

"我们每一个人都是由自己一再重复的行为所铸造的。因而优秀不是一种行为，而是一种习惯。"

亚里士多德曾经说过，为了达到卓越的目标，就必须具有好的习惯，并为此付出不断的训练，他的这个理论也适用于如何成为一名卓越的故事家。

如果想要抓住对方心理，就必须培养平日勤奋收集"材料"的习惯，并进行处理材料的训练。

◎观察

著名演员查理·卓别林曾说过："人生远看是喜剧，近看是悲剧。"这正是他敏锐的洞察力的体现。

正如卓别林所说，人生就像一段故事。"现实比小说更有戏剧性。"这

第8章 好习惯能使你成为会讲故事的人

句话再真实不过了。但是即使有着同样的经历,根据演说者的不同,既有可能变成一连串的感伤,也有可能变为一篇饶有兴味的长篇小说。

要想使素材变得更加有血有肉,需要多多收集"事实"。就像一会儿用望远镜远远地看,一会儿用显微镜拉近地看,培养在日常生活中仔细观察的习惯,是发现事实并赋予其意义的基础。

如果想要寻找故事素材,不论何时都要竖起触角,放大镜也不要从手中放下。对于这样的人来说,路上偶然听到的小对话或和朋友用短信收发的小笑话,全都可以成为使人惊艳的故事。

◎ **做笔记**

韩国首尔的一个小区里住着一个梦想当作家的男子。他每天都在苦思冥想如何才能写一篇优秀的小说。有一天,他房间内的一张便利贴在空中飘动。男子忽然从便利贴中得到了灵感,每天在一张便利贴上将当天所获得的话题写成一篇文章并贴在墙上。一天,两天,三天,四天……随着时间一天天过去,墙上贴满了写着故事的便利贴。男子看着用便利贴填满的"小说墙",感觉非常充实,心满意足。

这是小说家金爱兰的短篇小说《纸的鱼》中的情节,故事从主人公的独特想法出发,从而进行故事创作。充满话题的房子,对于想要讲故事的人有着最让人震撼的共鸣感。

突然想到这个小说的原因是,从小说的主人公身上可以看出成功成为故事家的几个习惯。在这个作品中登场的想成为小说家的人,并不是随便不管什么故事都写,写下来以后贴在墙上,而是按照一定的原则去贴便利贴。他所定下的原则对于寻找故事素材的人们很有帮助,他的分类方法如下:

第二部分 编排故事：说一个好听的故事

> 1号墙：印象深刻的章节
> 2号墙：自己人生的故事
> 3号墙：思想、想法
> 4号墙：周围发生的故事
> 天花板：利用1~4号墙上的素材所创造的新的故事，"小说"
> ——金爱兰《纸的鱼》

令人感动的故事并不会突然从天而降。平日一有空就收集素材是非常重要的习惯。但是漫无目地地收集素材也不会有什么帮助。为了使素材能够适才所用，需要有系统的收集和分类方法。所以从这方面来说，像小说中的主人公一样，将记录故事的便利贴分为3~4个领域进行分类的方法，非常值得推荐。

仅仅把好的想法随意写在便利贴上并不能成为一个实用的方法。首先要根据自身的需求来进行具体的分类。

举例来说，可以按照"好笑的故事"、"感人的故事"、"恐怖的故事"等进行分类。如何将主题进行分类要看个人的选择。我们日常生活中有着无数的话题和素材，对其进行分类的过程就像在日常生活的海洋中钓鱼，必须选用适当的诱饵。如果下定决心要记录下某种特定的故事，那么在寻找必要的素材时也会变得更加容易。有位演说家曾谈到她的习惯：

我使用的便利贴有三种。第一种用来记录平时从书籍和电影中获得的灵感，以及读书时印象深刻的划线的句子。看电影和演出的感想也一定会记录在第一种便利贴上。这些都是讲故事的优秀素材。每个月我都会查阅很多书籍以寻找适合的演讲主题，如果我认为书中的内容对我很有帮助，就会寻找作者的讲演视频进行观看。这个时候也会将简略、概括的内容或是值得直接引用的语句、引人注目的表现手法等记录在便利贴中。

第8章 好习惯能使你成为会讲故事的人

第二种便利贴用来记录我自身所经历的内容。主要是讲课中学生的问题和抱怨，或是一些认为必要的事例。这个便利贴也可以作为日记，简略地写下核心关键字或图画，将日常生活的感想记录下来。

第三种便利贴用来记录从他人那里听来的故事。如果在公众或私人会面中听到感人至深的故事或语句，在取得对方许可后，当场就在便利贴上记下或见面后再进行整理。名人的脱口秀也可以成为有用的参考素材。

在智能手机中也有着许多功能强大的便利贴软件，可以很方便地随时记录下感想和事件。根据个人的喜好不同，可以选择小册子或是智能手机，现在就开始使用吧！

◎ **详细的描写**

"罗马皇帝尼禄在位期间发生了一场大火灾。"

"公元64年，罗马发生了一场火灾，烧毁了大半以上的灿烂文化遗产。但是在城市被熊熊烈焰包围时，皇帝却在弹奏乐器。这就是尼禄皇帝。"

以上两个故事，哪一个更加生动呢？答案当然是后者了。在描述情况时应具体描写。详细的意思与冗长不同，是为了使听者脑海中出现更加细致的画面而制作的导示板。具体的地名、人名、年份等都是详细描写中的必备要素。

当以假想人物为例时，需要对它进行特定化。比如"一个大学生的故事"和"学号是96的建筑学科金熙成学生的故事"，试想一下他们之间的差异。

如果说前者是一张圆圆的没有五官的脸，那么后者就是在这张脸上加上了眼耳口鼻，赋予了立体感。在需要对任何事物进行说明的时候，进行具体描写、介绍的训练，对口才的提升有很大的帮助。

◎ **构建角色**

韩国MBC电视台的长寿综艺节目《无限挑战》，堪称最能塑造人物角色的节目之一。一个个丰富立体的角色，是使节目具有超高人气的一等功臣。

以写故事闻名的小说家们也都暗示说,创作生动的故事的秘诀就是创造生动的人物。创作出真实的、自己的角色,然后故事就可以自动转起来了。

创作自己的角色可以从两个方面来进行,一是构筑讲故事的演讲者自身的角色,二是创作故事中登场的人物的个性。

每个人都在无意识中给自己赋予了一定的角色。自身的角色就是超出自身,自然存在的个性。

即使看了相同的电影,每个人对电影的感想也不尽相同。因为不同的人看电影所产生的观点以及在电影记忆中留下印象的内容都会不一样。即使是同样的事件,有人站在甲的立场、也有人站在乙的立场上面。即使读同一个故事,有人注重其中包含的文学价值,也有人注重它的经济价值。这是因为每个人的生活经历、情绪以及关心的事情完全不一样。

虽然我们通过练习也可以像卢洪哲或柳在石一样说话,但是那不过是"口技"而已。不管模仿得多么惟妙惟肖,你也不可能成为他们。

所以要学会以自己的立场来说话,在讲故事的过程中,听众交流情感的纽带是非常重要的。从现在开始培养自己的习惯吧,想一想自己可以改进的弱点,把可以讲好的故事自信地说出来。

◎ **了解对方现状**

不管多么精彩的故事,如果与听众毫无关系,依然不能吸引他们的注意力。为了使听故事的人产生"那件事不就是我的故事吗?"这样的感觉,必须首先弄清对方的状况。

最近出现的种种历史剧有很高的人气。虽然剧情十分戏剧化,同时由人气明星出演,但是以几百年前的故事,抓住21世纪人们心理的理由到底是什么呢?那是因为在人们当中,普遍存在着想要转换时空的情绪和感情。

不论远古时代、中古时代,还是现在和未来世界,在人生中不断前行的人们的生活,都有一个共同的主题。人们无时无刻不在为了爱情而受伤,为

第8章 好习惯能使你成为会讲故事的人

了金钱而痛苦,为了比自己强的人而嫉妒。而历史剧正是穿上旧日的服装来讲述今天的故事。

讲故事也是同样的道理。不管什么故事都应与听众所处的"现在"密切相关。在为了追求希望而疲惫不堪的人们面前讲述克服绝望的事例,在股票投资者们面前讲述投资领域核心人物的故事。在进行高中入学考试说明会时,如果在那些带有特定目的的听众面前,对大学的入学考试进行介绍说明,没有人会愿意听。因此,一定要用某种方式将听众的"现在"与你讲的故事相结合。

◎ 有系统的演练

若想讲出好的故事,事先要在脑海中将故事的流程整理好。如果不能明确地区分、起承转合,那么演说就会屡战屡败。

为此,在他人面前讲故事前,需要提前排练、构思好一个哪怕较为简略的脚本。如果不是天赋异禀的故事专家,那么以上的排练就是必需的。倘若反复地进行这个练习,某一天你会发现,即使不再另外进行练习也能够适当地安排故事的结构和起承转合。

下面介绍几个有效的演练方法。

首先,在讲故事之前的3~5分钟左右,将眼睛闭上,慢慢地做深呼吸。就像运动员在比赛之前进行模拟训练一样,在脑海中想象出演讲时的情景。

首先想象在不久后将要进行的演说中,必须说出哪些内容、要说的主题是什么、之后又要说些什么、将话题展开到什么程度、以什么样的方式收尾。经过这样的思考,就能够自动分辨出哪些话不需要说,哪些话必须说了。

被誉为演说达人的史蒂夫·乔布斯自身的演说秘诀,就包括了事前演练。商界教皇汤姆·彼得斯也以富有激情的演说闻名,他曾经说过"只有练习才能进步"。练习可以把你带到更高的地方。

事前在脑海中构建整个故事，是成功的说服术必要的一环。只要投入短短的3~5分钟时间，就可以带来很大的变化。

◎ **准备一个录音机**

如果让参加说话技巧课程的学生，录下自己的演讲并收听回放，那么，他们都会产生相同的反应。

"以前真不知道我说话竟然是这样的！"

收听自己的演讲也是一个不能缺少的过程。事实上，很多人都不知道自己真正的说话方式。

平日里自己所听到的自己的声音，与其他人听到的声音存在着很大的差异。所以在第一次收听回放时，不仅会为录下的自己的声音而震惊，也会为比想象中还要结巴的发音、不自然的说话速度、断断续续的故事主线所震惊。

在手机软件中也有录音功能，因此就不需要单独准备录音机了。现在就来录一段想要对某人说的话，并且听听看吧。一定会发现有许多不足的地方。冷静地分析自己的声音，将需要改正的地方反复练习，并且将平时具有说服力的话与名人的演说相对比，这些都是很有帮助的事情。为了实现自然地说话，可以多听一听优秀的故事家的演说。

如果已经将自己的演说提升到了令自己满意的程度，那么来试试对其他人演说的练习吧。即使会有些害羞，但在向他人传达自己故事的过程中，说话的实力可以飞速提高。

讲故事的能力不是天生的

说话的实力与其说是天生的，不如说后天的努力更为重要。不管多么会说话，要想成为一个优秀、熟练的主播都要经过长时间的发音、发声、旁白等训练。

头脑聪明的学生如果只靠小聪明而不努力学习，学习成绩就不会变好，说话也是如此。要经常在他人面前进行说话练习，一边犯错误一边找到自己的不足并进行改善。此外还要仔细地聆听他人的故事，因为这可以使自己的间接经历变得更加丰富。同时注意培养上述所说的7个习惯，不断地努力练习便可取得进步。

没有必要一次去培养所有的习惯。即使只注入哪怕一点点的关心，在与人对话的时候就会发现自己变得与从前不同，说出的话也更加流畅。

虽然语句不够流畅连贯也可以凭借真实性来说服对方，但是在专业性的场合，话语流畅是非常重要的。特别是需要在很短的时间内传达想要说的话的时候，如果仅有真实性，但流畅度不足、说得太慢，甚至有可能在说出正题之前就被赶下台了。

行云流水般的语句，就像在开车时能够充分启动引擎一样。为了培养在3分钟内传达主题的能力，可以把故事分为"绪论"、"本论"、"结论"来进行阐述。

演说或面试时，最重要的是展现出热情以及自然的样子。不论何时，都要抱着"我可以做到"的决心，不可以丢失积极的自信感。

第9章　99%的人无法拒绝一个有创意的故事

创意、理念的力量

情人节这天，街头上出现了两个卖苹果的摊子。在两个并排的摊子上陈列着大小模样都相同的苹果。

A摊的人对着经过的行人们大声叫卖着："又便宜又好吃的高级苹果！每个只要5块钱！"

B摊的人也提高了嗓音喊道："情人节特供纪念版苹果！想要得到爱情就购买爱情的苹果吧！"

那天卖得最多的当然是B摊。B摊的"爱情果"比A摊的普通苹果多卖出了6倍有余。

一年夏天，著名苹果产地日本青森县连续遭遇台风袭击。有90%的苹果在采摘前就由于强力台风而落在了地上，农民都很失望。这时候有一个人想

第9章 99%的人无法拒绝一个有创意的故事

出了一个天才的办法。他将在强力台风中幸存下来的苹果命名为"状元苹果"进行贩售。"状元苹果"虽然比普通苹果贵上数十倍，但是由于其中特殊的寓意，作为送给考生的礼物再适合不过了。很快这些"状元苹果"都被抢购一空了。

以上两个事例，淋漓尽致地展现了讲故事的核心——理念。在平凡的苹果中赋予爱情和状元的理念，使其成为与普通苹果不同的苹果。这样的事情真的可能发生吗？

未来学者罗尔夫·詹森在他的著作《梦想社会》一书中利用丹麦鸡蛋广告和消费的例子，论述并说明了相似的现象。

"丹麦市场上50%的鸡蛋都由放养鸡所产。消费者不喜欢让鸡待在狭小的笼子里，而希望它们能自由地接触天空和大地。消费者需要的是一种'回归产品'；他们希望鸡蛋用我们祖父时代的技术和方法——古老办法——生产出来。这意味着鸡蛋将越来越贵——更加劳动密集型，而消费者情愿为鸡蛋背后的故事多付15%～20%的价格。他们宁可多掏腰包也要得到有关动物伦理主义、田园风情和美好往昔的故事。我们把这叫作经典的梦想社会逻辑。尽管两种鸡蛋质量相仿，但消费者更加青睐有动人故事的鸡蛋。"

罗尔夫·詹森得出的结论是，人们在购物时不仅考虑产品的价格是否低廉，同时也将其中的寓意和象征作为消费的要素进行参考。这里所谓的寓意和象征其实就是我们所说的故事理念。

感人故事的魅力正在于此。在试图获得他人的好感或重新塑造形象时都可以灵活地运用故事。需要推广差别化的创意理念时，如果将其植入感性的故事中，便可以极大地提升产品的价值和形象。

第二部分 编排故事：说一个好听的故事

创意理念是什么

一再强调讲故事的出发点是创意理念的原因在于，适当的故事在适当的创意理念中诞生。

创意理念是作品、产品、演出、活动中所呈现的想法。将自身所要传达的核心理念作为骨骼，并将与之相符的故事作为血肉的过程，就是讲故事。

要想抓住创意理念，首先要确定目标，这样就比较容易把握方向。定好目标后，要彻底分析接受信息的对象。

就像前文所说，要讲符合听者的"现在"，并且刺激其潜在需求的故事。只有经过这个过程，才能讲出精彩的、差别化的、有针对性的故事。

如果能够创作出整体信息相互紧密联系，并且包含符合听众需求的创意理念的独特、崭新的故事，成功便唾手可得。

倘若以"关系的美学"为主题进行演讲，你想有效地传达你对于关系的特点以及维持关系的过程的看法，便可以借用安东尼·德·圣-埃克苏佩里的《小王子》中的思想作为核心理念。

"你们一点也不像我的那朵玫瑰，你们还什么都不是呢！没有人驯服过你们，你们也没有驯服过任何人。你们就像我的狐狸过去那样，它那时只是和千万只别的狐狸一样的一只狐狸。但是，我现在已经把它当成了我的朋友，于是它现在就是世界上独一无二的了。

"你们很美，但你们是空虚的。没有人能为你们去死。当然了，我的那朵玫瑰花，一个普通的过路人以为她和你们一样。可是，她单独一朵就比你

第9章 99%的人无法拒绝一个有创意的故事

们全体更重要,因为她是我浇灌的。因为她是我放在花罩中的。因为她是我用屏风保护起来的。因为她身上的毛虫是我除灭的。因为我倾听过她的怨艾和自诩,甚至有时我聆听着她的沉默。因为她是我的玫瑰。"

虽然只是一只与其他狐狸并没有多大区别的平凡的狐狸,一朵与其他玫瑰并无不同的普通玫瑰花,但随着在他们身上付出关心和关爱的时间越来越长,那只狐狸和那朵玫瑰对"我"来说,就是没有比这更重要的存在了。《小王子》中所传达的"你为那朵玫瑰付出的时间,使她在你的生命中变得重要起来——因付出而变得重要"的理念,就与以"关系的美学"为主题的演说的核心信息十分符合。

发布会、演说以及一对一对话等谈话形式,确定适当的故事理念是最重要的。设定了恰当的理念,并融入与之相符的故事中,就可以达到使人感动的目的。

这里让我们来看一个事例。获得了美国话剧和音乐剧的最高奖——托尼奖的美国女演员莎拉·琼斯在一次演说中将卓越的理念和故事融入其中,演讲场面十分精彩。

在这场以"重塑自我、发现自我"为主题的演说中,莎拉·琼斯分饰几名女性,展现了精彩的演技,她的核心理念是"地球村时代的女性"。

莎拉·琼斯在20多分钟的时间里通过头巾、外套、帽子等服装配件表现出了8名不同女性的人生和她们的故事。从90多岁的犹太老奶奶,到说话速度很快的多米尼加大学生、亚洲女性、印度女性,最后以阿拉伯女性结束。她的演说充满了自身恳切的情感,给听众留下了很深刻的印象。

那富有激情的演说一结束,观众就迫不及待地给予了热烈的掌声。不过短短20分钟的时间,就获得了如此热烈的反响,这种情况实属罕见。这正是将适当的理念与适当的故事相结合所带来的卓越效果。

演说中给我留下特别有印象的故事,是一个移民美国的中国女性的故

第二部分 编排故事：说一个好听的故事

事。莎拉·琼斯通过饰演这个中国人，化身成为这个时代在美国生活的亚洲女性的代言人。莎拉·琼斯在那天的演说中所传达的核心信息如下：

莎拉·琼斯的演讲

```
共感
 │
讲故事            重塑自我
 │         ┌──────────────────┐
 ▼         地球村时代的女性
信息          ——8位女性
              ——8个小故事

           "所有人说的话都是宝贵的"
```

"人们所说的话可以超越语调、肤色、生活环境、信念、文化、国家等界限，都是非常宝贵并且很有意义的。引人入胜的话就在那个人说话的节奏中。总有动人的话语飘进耳朵直达内心，随着韵律传遍世界。"

怎样的故事能帮助沟通

确定故事理念后，便到了构成故事的环节。

近期出现了一个新的词汇——"故事讲述者"。这个用语强调了人类从一出生起就具有与他人对话并沟通的需求。专家们通过对推特和脸书等社交网站的分析，将不断在社交网络上分享自己的故事或经历的人称为"数码故事讲述者"的新人类。

在这样的时代潮流下,"故事能力"是在选拔人才时必须考虑的重要能力之一。未来学者丹尼尔·平克认为未来社会的最高领导者是故事型人才。哈佛大学认知心理学教授霍华德·加德纳以他的多元智能理论而闻名全球教育界,他曾经提出了"领导者讲故事"的核心理论。领导者讲故事是加德纳有关领导力方面的核心理论。

如果掌握了讲故事的5个核心关键点,你也可以成为会讲故事的人。

(1)热情。如果在说服对方的过程中缺乏热情,就不会带给对方触动。在自己的演说中加入一点点热情,也会使对方的反应发生改变。

(2)英雄。故事中必须要有英雄,即解决困难、化解纠纷的人。那个英雄可以是讲故事者本人,也可以是别人。

(3)恶人。故事中必须具有制造障碍的恶人。平淡无奇的故事并没有意思,必须要有恶人才能制造出难以克服的障碍和难以预料的事件。正是由于恶人的存在,才能塑造出克服困难、与恶势力斗争的社会、政治的英雄形象。

(4)感悟。故事必须传达思想和感悟。通过故事的感悟可以改变对方看得人生的视角,给对方留下深刻的印象。

(5)感动和变化。克服恶人制造的种种困难终于获得成功的英雄故事,会激起人一定要改变自己的想法。

故事的构成要素

在学习了讲故事的五个核心关键点后,还要记住故事的四个构成要素。

(1)主题。所有故事的构成都是从主题开始的。主题是什么呢?详细来

第二部分　编排故事：说一个好听的故事

说就是故事的核心理念、登场人物产生心理变化的原因、故事的最终结尾、通过故事想要传达的信息或疑问，等等。

用音乐举例来说，维瓦尔蒂的经典曲目《四季》的主题是季节。用电影举例来说，查理·卓别林的《摩登时代》的主题是讽刺机械化起步时代劳苦人民的悲惨生活。用诗歌举例来说，金素月的《金达莱花》的主题是对离别的忍耐。

将某个故事用一张A4纸概括出来，就是故事梗概。将故事梗概进一步精简，成为几个语句，就是故事主题。将这几句话的故事主题再次概括为一个词语，就是故事的核心关键字。

（2）背景。在话剧演出中，通常会准备一些道具做背景。由于背景所占的比重并不大，所以只要能够做到让观众看出"这是树，那是花"的程度即可。

（3）人物。所谓人物就是故事中的主人公。讲故事时，需要通过人物的种种行为来引导故事的主线发展。

（4）梗概。故事梗概是故事的大纲，应按照"起承转合"或"开始、展开、危机、高潮、结尾"的形态来进行整理。故事如果只有正面内容并不精彩，必须加入纠葛与矛盾才能变得更加生动感人。而"起承转合"正是展开故事最简单的方法。

第10章 从哪里找到好故事

如何寻找故事素材

在大学讲授演讲课程时，有许多学生都在"寻找故事素材"方面存在着很大的困难。许多人认为人生太过顺利、平凡，怎么找也找不到特殊的事件，周边的人们也都非常普通，找不到值得作为故事的材料。

这样的学生有一个共同的特点，他们都认为故事素材必须是能够在新闻首页上出现的重大事件。

就像前文强调的，每个人都有自己独特的人生经历。从早上醒来到晚上入睡，看到的、听到的、感觉到的任何事、梦中出现的事情，或是在人生中出现的大大小小的事件，都可以作为故事素材。但是这并不意味着要将身边所发生的所有事件一一罗列。我们的目标并不是累积素材的数量，而是通过素材讲故事以达到说服的目的。韩国有一句俗语："珍珠要经过打磨才能变得有价值"，而如何将已经打磨好的珍珠串起来，也决定着项链是否美丽。

那么，如何利用身边的素材，创造出引人入胜的故事呢？请记住以下几个要素。

首先要选取自身真实的事件或是现实中真正有可能发生的事件。此后，要选择能够让听众认为那就是自己的故事的典型角色。最后要将整个故事有条理地展开，并在其中加入肯定的信息。

比起梦中出现的事件，真实的事件更加能够得到人们的青睐。为了使听众更容易获得感悟，应尽可能地将事件的时间、地点具体地展现出来。这里的登场人物应该从演说对象，也就是听众的典型中选取。如果听众是贩售组织，那么可以选择为销售业绩费尽苦心的推销员作为主要人物。如果听众是咨询公司，那么可以选择从客户棘手的要求中找出崭新的战略的顾问作为主要人物。如果进行就业说明会时，发了上百份简历的求职者便可以成为很好的典型人物。

将听众中的典型人物作为主人公时，听众就会认为你所讲述的故事也有可能在他们身上发生，那么便会竖起耳朵仔细聆听。

10岁小女孩夏洛特的演说

2003年，美国与伊拉克开战后，美国各个地区都在进行反战集会。其中位于东北部的缅因州发起的一次反战集会，吸引了美国乃至全世界的关注。只有10岁的小女孩——在伊拉克出生的女中学生夏洛特，在这次反战集会中发表了一次动人的演说。

演说视频被上传到网络后，迅速传遍了全世界，获得了强烈的共鸣。夏洛特的演说有着故事应当具有的所有要素，比任何反战信息都有着更强的号

第10章 从哪里找到好故事

召力。让我们仔细看看她的演说,看看她是如何讲故事的。

"请大家回想一下我的样子。请大家回想一下伊拉克的炸弹攻击、穿着军服的萨达姆·侯赛因、拿着枪留着小胡子的军人,回想一下拉希德酒店墙壁上的'犯罪者'字样和乔治·赫伯特·沃克·布什前总统的脸孔。"

夏洛特在演说开始时,便在听众的脑海中构建出鲜明的画面。夏洛特的演说刺激了听众的想象力,充分地集中了听众的注意力。她从一开始就将自己推出来,使进攻伊拉克的事件从电视画面中走了出来,变成了"我们"周围的事情。

"但是你们知道吗?在伊拉克生活的2 400万人中,有一半以上都是15岁以下的青少年。在伊拉克生活着1 200万孩子。他们正是与我一样的小孩子。我今年10岁,他们中间有一些人年纪比我大,有一些人比我小,有男孩,也有没有像我一样有着红色头发而是褐发的小女孩。但是那些孩子都是与我一样的孩子啊。请看看我吧,仔细地,多看一会儿。当你们想起伊拉克正在被炸弹袭击的时候,也想想我的样子吧。我正是大家想要杀死的那个孩子。"

如果夏洛特的演说止步于将故事视觉化,那么并不能给听众带来震撼的感觉。但是夏洛特很聪明地引导、展开话题,将精确的统计数字变为支持自己主题的有力的后盾,并借此向人们展现了具有画面感的真实的战争惨状。

在伊拉克有多少个活着的儿童,多少个死去的儿童,通过这样具体的数字统计,使听众潜意识中产生她的话可信赖的效果,使听众相信她所说的都是事实或真相。

"我的运气很好,在1991年2月16日的空袭行动中得以在巴格达的空袭避难所藏身,幸存了下来。但众所周知,那天有300多名儿童死于斯玛特炸弹的威力之下。那天的空袭使全城燃起了大火,许多未能进入避难所的儿童和妇女被炸得连尸体都找不到了。但那个时候,你们大概为了纪念胜利,举行庆祝仪式吧。

第二部分　编排故事：说一个好听的故事

"倘若我当时运气不好，就可能像其他死去的儿童一样，躺在巴格达的儿童医院的'死亡病室'中，也可能像14岁的阿里一样，非常痛苦地死去。也有可能在众所周知的海湾战争中，患上由贫铀弹引起的恶性淋巴癌。

"我也有可能像只有18个月大的穆斯塔法一样，患上一种被称为白蛉的寄生虫吃掉内脏的病，虚弱得连手都抬不起来，最终像他一样痛苦地死去。虽然很难相信，但是穆斯塔法当时只要有25美元那么一点儿的钱，就可以买到药品，可以完全好起来。但是美国对伊拉克进行了经济封锁，伊拉克买不到药品。"

夏洛特通过准确的年度和死亡人数，向人们展示了受到战争侵害的儿童的生活。在演说中用真实的故事来打动人心，使人沉浸其中。将穆斯塔法和伊拉克所经受的苦痛用"连25美元都不用的药"来形容，含蓄、有力地表现出伊拉克儿童的悲惨经历。

"也许我不会死，我会像萨尔曼·穆罕默德一样，遭受到肉眼看不到的心理伤害。1991年，美国攻打伊拉克时，萨尔曼虽然跟姐姐一起艰难地活了下来，但是至今仍不能从当时的恐怖中逃脱出来。那个时候，萨尔曼的爸爸把全家都召集在一个房间中，互相拥抱，决定一起生、一起死。萨尔曼至今仍在响着防空警报的噩梦中生活。

"也许我会像在海湾战争开战时只有3岁的阿里一样，失去父母成为孤儿。阿里在父亲死后的3年时间里，每天都到爸爸的坟墓前，试图扒开堆积的泥土，找到他的爸爸。'爸爸，现在没事了，出来吧，抓爸爸的人已经都走了。'但是他说错了，那些曾经抓住他爸爸的人再一次回来了。也许我会像海湾战争开战时，因为不用去上学可以很高兴地睡懒觉的卢阿里·马耶德一样，好像什么事情都没发生一般接受战争的事实。但是现在卢阿里因为没有受过学校的教育，每天只能在路上卖报纸维持生计。"

演说中登场的萨尔曼和卢阿里，正是具体传达主题的"登场人物"。

第10章 从哪里找到好故事

夏洛特生动地描述了他们两人的遭遇。她说得越多，与听众的连接便更加紧密。现在让我们来看看前文所提到的"将听众与故事相结合"的部分吧。

"试想一下，如果这个孩子就是你们的孩子，或是外甥、或是邻居家的孩子。试想一下你们的孩子没有了四肢，在痛苦中苟延残喘。试想一下你们看着孩子的痛苦却没有办法改善，没有办法使他得到平安，只能那样无力地看着。试想一下你们在压住女儿的建筑残骸前号啕大哭，却毫无办法营救。

"试想一下你们的孩子在亲眼目睹你们的死亡后，一个人忍饥挨饿四处流浪。这不是动作电影，也不是奇幻电影，更不是电视游戏。这正是伊拉克孩子的现实处境。"

夏洛特通过对演说内容进行了明确的概括，促使听众的态度发生了改变。在讲故事时，为了使人们不在故事中迷失方向，在适当的时机需要再次强调核心主题信息。

就像写文章的时候，划分段落并利用不同的段落主题来配置文章结构一样，在准备演说材料的时候，也应将想要说的话在脑海中事先划分段落。让我们再看一看夏洛特接下来的演说。

"最近一个国际调查团访问了伊拉克。调查团访问的孩子中，一半以上都说自己没有再活下去的必要了。连非常年幼的孩子也知道什么是战争，畏惧战争。如果问只有5岁的小孩子阿瑟姆，战争是什么，他会告诉你，'在枪林弹雨中不管是冷还是热，我们都会被火烧死'。而10岁的艾尔莎，则想对布什总统说"在伊拉克有无数的孩子会死，你在电视里看到孩子死去的情景难道不会后悔吗？"

……

"我们都害怕自己哪天会死去。如果有人要杀死我们、伤害我们或是偷走我们的未来，我们都会感到气愤。我们在祈祷爸爸妈妈可以活到明天的时候，都会感到悲伤。最后，在我们不知道自己做错了什么的时候，就会变得混乱。"

夏洛特的演说真实、有力地呈现出战争的破坏力以及战争引发的无数老百姓受到迫害的惨状。

如果她的演说最后不以混乱作结尾，采用更适合的词语会有更好的效果。虽然留有一点遗憾，但是夏洛特的演说仍然十分精彩，甚至可以说是反战演说的教科书。

你的经历就是最佳材料

2010年，韩国综艺节目《男人的资格》曾组织过一次"人生演讲"。笑星金国珍以"向青春呐喊"为主题的演讲就是一个以自我为素材的很好的例子。

"大家坐过过山车吗？"

他问起这句话的时候，台下的学生们无法隐藏自己的惊讶。谁也想不到他会在演讲中提到过山车。

"每趟过山车都是10分钟左右，过山车不断上上下下搞得人头昏脑涨。但是我却坐了20年的过山车！"

金国珍把自己重复着险峻上坡与陡峭下坡的沉浮人生比喻为过山车。他将最符合"青春"这个主题的自己的人生经历以坦白的语气慢慢地讲述出来，使得听众全神贯注。

在大学喜剧比赛中获奖，初次亮相便一跃成为明星的金国珍，自从离开了笑星之路去往美国开始，便进入了人生的下坡期。他在演讲中真诚地讲出了重复成功与失败的人生苦难，以及难以启齿的离婚经历。

"如果用20年的时间，乘坐一辆用1分钟加速之后一刻都不停歇下降的过山车会是什么感觉呢？大概会呼吸急促喘不过气吧？去美国之后我再次跌入谷底。

第10章 从哪里找到好故事

但是我自信,我有着以多快速度下降就能以多快速度上升的信心。我的妈妈5年里只对我说过一句话'孩子啊,吃饭了吗?'但我从来都没有觉得辛苦。

"孩子要学会走路就要跌倒2 000次。但是在我们当中也有人需要跌倒2 000次以上才能学会走路。而正是因为跌倒了2 000多次,才能像现在一样走得那么好不是吗?即使已经学会了走路,以后仍然会跌倒。不管是做人、学业、爱情还是工作,都有可能会跌倒。

"大家知道过山车的特别之处吗?过山车最大的特别之处就是安全带。如果没有扣好安全带就不能出发,因此不要犹豫与恐惧,尽情享受过山车的刺激吧。大家从现在开始也要登上各自的过山车,开始人生的旅行了,希望大家的人生都能成为最棒的过山车!"

金国珍所发表的"向青春呐喊"是符合"人生演讲"这个总主题的最佳演讲。将幽默与感动,将自己的人生经历以自然的方式呈现出来。如果为了演讲勉强编造故事,那么不管怎样都无法摆脱人造感,无法令人信服。然而,金国珍将"不论遇到任何挫折也不要放弃,尽情享受人生"这样教科书似的口号,与他像过山车一般的人生故事紧密结合在一起,升华出了最鲜活、真实的感动。

金国珍的青春演讲

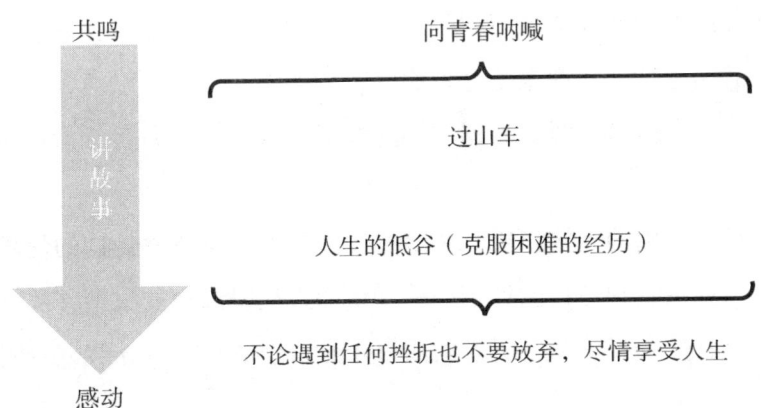

第二部分　编排故事：说一个好听的故事

金国珍演讲中"自己的故事"带给故事真实感。特别是他历经磨难的故事，带来了超越时代和国界的感动。

美国总统奥巴马，他的爸爸是肯尼亚出生的黑人留学生，他的妈妈是在堪萨斯出生的白人。奥巴马坦率地讲出他在成长过程中经历的政治动乱，成为了大胆追求希望的标志性人物。脱口秀女王奥普拉·温弗瑞也曾对外公开过自己幼年曾经受到亲戚的性暴力却又像不倒翁一样重新站起来的故事，成为了征服自我的象征性人物。

但仅有自身经历是远远不够的，因为自身的经历不可能与每一个主题相符合。不论一个人有多么丰富的生活，也无法一一体验世间万物。所以我们需要各种间接经历。直接或间接的经历，对于发挥想象力有着很大的帮助。

如何使用他人的故事

积累间接经历最好的方式就是书籍和电影。通过其中多样的事件和事例，可以拨动听者的心弦，使其产生感悟。

书籍和电影中使人印象深刻的文字和台词，几乎都是以自身故事所创造的。韩国著名主持人江浩东是这方面的典型人物。江浩东以通顺连贯的主持方式闻名，在主持节目时会根据不同的情形加入不同的名言，为嘉宾的发言增强效果。

想要积累有用的间接经历，关键在于找到与自己所要传达的信息紧密相关的故事。如果听到与自己处于同一环境的人获得成功的故事，那么就会产生共鸣，并且使听者认为所听到的故事正是自己的故事。让我们看看下面的故事。

第10章　从哪里找到好故事

肯德基是炸鸡的代名词，全世界的肯德基连锁店中都有一个老爷爷的漫画形象。这位穿着白西服、打着领带、带着使人愉悦的微笑的银发老人是谁呢？

肯德基的创始人名叫哈兰·山德士，这位昔日受人尊敬的上校因为战争而破产，从受人尊敬的富翁变成了一个一文不名的穷人。这时他已经66岁了，所能依靠的只是自己每月105美元的救济金。没有一个人想到他会在这样的情况下重新开展炸鸡事业。山德士并不想就此了却自己的一生，他再一次迎接挑战，在已近古稀之年奇迹般地创造了世界最大的炸鸡连锁店——肯德基。

哈兰·山德士决定卖掉炸鸡的料理方法，他带着珍藏的炸鸡秘方去了全国各地的餐厅，期间，1 008次遭遇拒绝。在这长达两年的时间里，山德士每天的饭菜是早已凉掉的宣传用鸡块，他每晚在车中过夜。

即使1008间餐厅没有一个愿意出资购买他的秘方，他也始终没有放弃。终于在第1009个餐厅卖掉了秘方，获得了成功。

德国哲学家尼采说过："任何没能杀死我的苦难，只会让我变得更强。"这句话对哈兰·山德士来说简直再适合不过了。

哈兰·山德士也曾说过这样的话："你所遇到的困难，并没有什么大不了。"

歌德76岁开始写《浮士德》，莫奈76岁开始画《睡莲》，以制作高级小提琴而闻名的巨匠级制琴师安东尼奥·斯特拉迪瓦里在83岁才作出了一生中最完美的作品，阿尔弗雷德·希区柯克在61岁时拍摄了他的代表作《惊魂记》。

塞万提斯58岁在监狱中开始创作《堂吉诃德》，可可·香奈儿在71岁时重新开展时尚秀，东山再起。"好景俱乐部"主唱刚佩·赛关多在忍受了数十年忍饥挨饿的艰难底层生活后，在90岁高龄才开始闪光，成为了古巴音乐

第二部分　编排故事：说一个好听的故事

的传说。赛关多这样描述自己的人生："每个人都会开出人生的花朵，我的这朵到了90岁才开。"

在无数的失败后所获得成功的故事，能够给听众的心灵带来强烈刺激。如果想要提出在晚年仍然可以发明创造新事物的主张，或宣扬年龄只不过是数字的想法时，以上几个故事都可以发挥很好的效果。

电影可以提供无穷无尽的故事素材。如果可以将自己想要说的话与类似的电影相结合，会得到很好的效果。此外，电影还具有两个优点：一是可以直接引用电影梗概作为故事，二是可以参考电影传达信息的潮流方式。

最近几年在好莱坞不断有印度电影上映，并广受好评。印度电影相比其他地区的电影来说，最优秀的一点就是拥有扎实的故事背景。让我们通过《三傻大闹宝莱坞》和《我的名字叫可汗》这两部电影，仔细看看获得灵感的方法。

《三傻大闹宝莱坞》讲述的是就读于世界排名第三的工科大学——印度名校IIT（印度理工学院）的3名学生的故事。只要入学就能保证未来的就业与发展，在这所人人敬仰向往的印度最好的大学中判断学生的标准只有一个，成绩。

冒冒失失的三个主人公所惹出的种种糗事，使人捧腹大笑。电影结尾处的设计也使人感受到三人之间的友情，并使人反复回味人生真正的意义。电影中最常出现的台词是"All is well"一切皆好和"Carpe diem"享受现在。特别是"All is well"这句台词好像魔法师的咒术一样解决了许多事情。

《三傻大闹宝莱坞》的主人公兰彻在影片中所讽刺和批判的印度填鸭式教育现状恰好与韩国教育现状很相似，因此给韩国观众带来了很大的共鸣。因为韩国的学生为了就业而把大学作为积累经验的一个重要路径，使得大学作为高等教育的重要意义渐渐褪色。通过下表让我们一起看看《三傻大闹宝莱坞》中的故事线索：

第10章 从哪里找到好故事

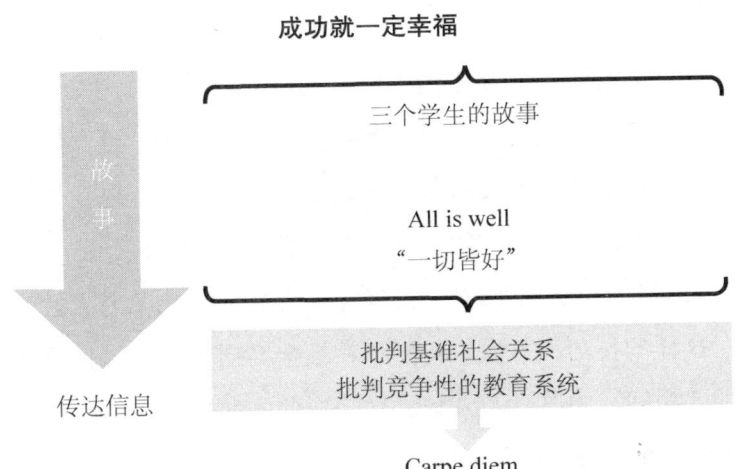

如果想要表达幸福不由成绩来决定,应当先做人生中认为珍贵的事情的理念,那么《三傻大闹宝莱坞》这样的电影就可以提供无穷无尽的灵感。

《我的名字叫可汗》也是一部故事线索丰富、信息传达力很强的印度电影。许多人认为说服术的秘诀在于演讲技巧。但是这太肤浅,很快就会被看穿。比起语言,人才是更重要的,比起修辞学,说服灵魂的战略也更为重要。特别是"爱情与信赖"比起任何美丽的词语都具有更强的说服力。

《我的名字叫可汗》中登场的主角可汗患有自闭症,但是却有着天才般的智商和世界上最单纯的眼睛。虽然他说的话都是结结巴巴、语无伦次的,但却有着震撼人心的力量。在影片中,可汗在妈妈死后,追随弟弟的脚步从印度移民美国。可汗在帮助弟弟的化妆品公司推销美容产品时认识了经营发廊的单身母亲曼迪娅,与之坠入爱河并结为夫妇。

但在"9·11"恐怖袭击之后,可汗曾经的幸福一瞬间就崩塌了。曼迪娅的独子山姆在一场由种族歧视引发的少年争斗中意外身亡,悲愤的曼迪娅将愤怒全部发泄在他身上。可汗为了完成与妻子的约定踏上了艰难的觐见总统之路。他为了使用非常简洁的文字来转达自身的意思花了许多心思。他想向总统转达的话是什么呢？

"尊敬的总统阁下，我的名字叫可汗，我不是恐怖主义者。"

但是这句话受到了误解，他也因此被捕入狱。最终，可汗凭借自己不断追求真理的真心，使美国人民被他的行动和故事所打动。他凭借既不流畅也不生动的话语成功地进行了一次"伟大的说服"。

人们每每想要学习的，都是"怎样才能说好话"或"怎样做才能最快地说服对方"这样的技巧或方法。特别是在社会高层人士或是将要进行面试或发表演说的人中间，想要学习"演讲技巧"的人比比皆是。虽然技术也是其中非常重要的一个部分，但是能够真正打动人心的是具有真实性的故事。

第11章 成功者用故事演说的秘诀

演说的目的

"大家认为发表演说的原因是什么呢?"

陈红在一所大学讲授演说课程的第一堂课上,向学生们提出了这样的问题,教室瞬间变得鸦雀无声。

虽然时代变得不同了,但是学生的姿态却如从前一样消极,几乎没有人出来回答问题。在与学生们一一对视并等待了一两分钟以后,终于有几个人开了口。

"为了更好地进行面试。"

"为了更好地实习。"

"为了提高演说的成绩。"

这时有一个学生举起了手,回答出了正确的答案:

"为了更好地说服。"

演说的最终目的是说服。不论是公司职员、教师、销售员,还是教授、研究生、公务员，都会在生活中遇到需要发表演说或进行说服的情况。

入职面试、产品宣传、国际活动等演说都有一个根本要素，即打动人心。从这一点出发的演说使人沉浸其中，所有的演说都是从这里开始的。

虽然市面上介绍演说技巧的书非常多，而这些书中传授了最高明的技巧，但事实上好的演说、好的演讲者却是非常少见的。在各地的种种演说中也很难找到真实的故事，也很少有使人发自内心感动的演说。

下面分析几个优秀演说的事例，并看看其中的原因吧。在演说前的准备工作中，首先要下定决心制造出震撼人心的"真实演说"。

视觉、听觉、内容

从传达者的角度来说，"内容"在演说中所占的比重并没有想象中那么高。根据一项研究表明，内容在演说中所占的比重不过7%。换句话来说，不论多么优秀的内容如果没有其他要素的衬托都是不够的。看看那些学生在课堂中进行的演说就会发现，虽然很多人将演说内容设计得十分精彩，但是最终却很难获得优秀的成绩，这是为什么呢？

因为演说是一门综合艺术，在视觉要素（衣着、姿态）、听觉要素（声音、背景音乐、音效等）和内容（核心信息、思想）完美结合时具有最强的感染力。

2011年7月，韩国运动选手金妍儿作为平昌冬季奥运会的申奥大使，在大会中发表了一次视觉、听觉和内容三要素完美结合的精彩演讲。金妍儿以自信的笑容和动情的演说征服了现场的评委，也征服了全世界的观众，成为了申奥成功的一等功臣。下面让我们仔细分析一下金妍儿申奥演说的成功要素。

第11章 成功者用故事演说的秘诀

◎ **适当的手势**

适当的手势可以展现出演讲者的自信心。在进行演说时，经常会发生即兴摆手或动作夸张的情况。但是始终要记住一句成语，过犹不及。

"尊敬的国际奥委会主席罗格，尊敬的国际奥委会成员们，你们好。很难相信今天与上次在瑞士洛桑见面时仅仅相隔了7个星期。从那时开始，我一直都在为今天的演说认真练习。"

在紧张、严肃的现场，金妍儿在演讲开始时通过轻松的谈笑，增加了自身的亲切感。请注意金妍儿在此时所呈现的微笑表情。在演讲中，微笑是十分重要的。大部分人在许多人面前发言时，表情就会变得很僵硬，但微笑才是获得他人好感的最佳武器，所以在演讲时请务必保持良好的表情，作出亲切的微笑。

"就像在洛桑时一样，我现在也有一点儿紧张呢。"

金妍儿在说到"有一点儿"这个词语的时候，伸出了左手，并且将大拇指与食指轻轻碰了一下，以突然间的小动作和引起注意的小技巧增强了听众的好感。金妍儿作为一名花样滑冰选手在演讲中却表现出了丰富的演技，通过适当的表情和手势展现出了专业演讲者应有的姿态。

◎ **适当的节奏**

在进行演说时，其中一个难点就是要将准备好的内容在规定的时间内全部传达出去。

要想在有限的时间内传达强烈的信息，就必须摒弃不必要的话语，将核心信息言简意赅地植入听众的心中。这时就需要提前将核心信息总结出来，从一个词语到几句话都可以。如果没有事先进行这个步骤，就很可能会出现要说的话太多，但是时间却不够用的情况。

在进行演说时，首先要根据演讲稿的大体走向说明流程，然后要将核心事项编号，并点出重要的信息。此外，在每一个段落收尾时，都要再一次整理、概括出段落的重点。

金妍儿的申奥演说虽然只持续了短短3分钟的时间,但是自始至终保持了适当的语速,给人以十分从容、沉稳的感觉。

◎ **感人的故事**

故事在演说中的重要性,再做多少次强调也不过分。故事的脉络结构可以有效地集中听众的注意力。

"我能够参与到申奥的过程中,对于我的同龄人来说都是一件非常震撼的事情,因为今天是一个创造历史的时刻,而我有幸成为参与其中的一员。

"我在温哥华参加比赛时也是同样的心情。在10年前平昌第一次申办冬奥会时,我正在首尔的滑冰场上为自己的梦想而努力。"

金妍儿通过讲述自己的故事展开演说,而她本身的传奇性的故事也是任何人都无法否认的。金妍儿不仅靠着精湛的滑冰技巧,更凭借作为一个人所获得的惊人的成就,使观众肃然起敬。

在这里还需要注意的一点,就是金妍儿的手。金妍儿将一只手放在胸前说话的样子,生动地向听众们传达出"我在讲述自己真实故事"的感觉。

听众都沉浸在金妍儿的故事当中,她只凭一句话就使人产生了信任感。

金妍儿的2018年平昌冬季奥运会申奥演讲

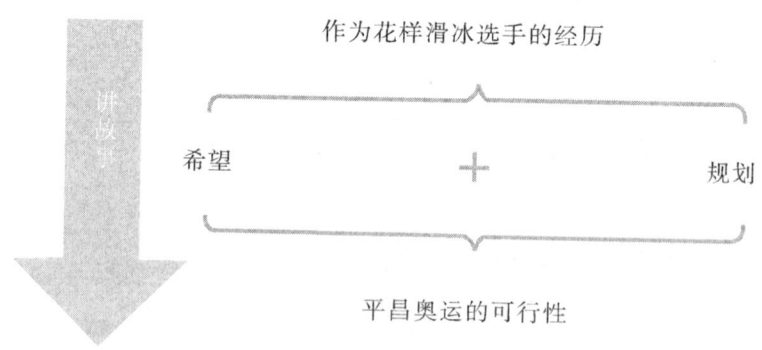

许多人在演说中都疏忽了一点，演说的主人公不是别人正是自己。因此必须要记住的是，演说发表者本人正是演说中视觉材料的重要组成部分。

在人们利用幻灯片等软件进行演说发表时，经常出现过分重视或无视屏幕画面的情况，我认为这两种做法都不值得提倡。

著名作家尹泰浩以创作扣人心弦的故事情节著称，他的作品《青苔》被改编成电影，展现出了出色的故事讲述能力。他在新作《未生》中生动刻画了自己为了获得成功不断努力的人生故事。

在这部作品中出现了实习生们在入社面试中发表演说的场面。其中精彩的演说、差劲的演说以及演说的基本技巧等所构成的紧张场面，即使在我这个演说专家的眼中，也是非常出色的内容。特别是作品中的人物"安永已"所带来的几近完美的演说，令人印象特别深刻。

安永已的演说既有事先准备好的精彩画面，也有着完美的伙伴。她本身就像一部名叫"演说"的电影主人公一样，有着出色的传达内容的能力。在这部作品中，安永已在演说时从不回头看屏幕，这样的方法可以有效地使观众沉浸在演说中。虽然要做到这样需要许多练习，但是同时也可给人留下为演说做过充分准备的良好印象。

像电影一样温馨

史蒂夫·乔布斯的演说十分简洁。在他所展示的幻灯片中，可以看到克制的、简洁之美，同时也传达出他自己的美学。

不论幻灯片中出现的是一个单字还是一幅图画，史蒂夫·乔布斯都能完美地进行说明。他在幻灯片中所展示的单字或图画都包含了想要传达的核心信息，通过这些单纯、简洁的信息，人们能够将注意力更好地集中在乔布斯身上。

通常在第一幅幻灯片中会介绍公司概要或发表内容目录，但是这样公式化的方式很难引起人们的兴趣。在这里再强调一次，演说的开始是非常重要的。如果没能在开始时吸引听众的注意、引发听众的兴趣，那么认真准备的演说就很有可能会功亏一篑。

那么史蒂夫·乔布斯的秘诀是什么呢？

◎ **营造积极的氛围**

史蒂夫·乔布斯在介绍新产品"iPhone"的发布会中，伴随着激昂的音乐登上了舞台。谁也想不到乔布斯会在商业发布会中大声播放音乐，观众们都惊呆了，爆发出阵阵欢呼和掌声。这是一个能够营造积极氛围、震撼人心的划时代的创新。

乔布斯所选取的音乐也非常新颖，他在发布会中选用了詹姆斯·布朗的"I Feel Good"，这首歌曲在美国家喻户晓，几乎人人都会哼唱。这首歌的歌词与公司的理念或产品的特性毫无关系，之所以会被选为发布会用曲，是运用了一个心理学原理：听众在听到耳熟能详的音乐时，自然会卸下防备感，并且潜意识中认为将会有什么好事发生。

史蒂夫·乔布斯的iPhone发布会

乔布斯登上舞台后，展示了两张幻灯片。第一张幻灯片中出现了一个被咬了一口的苹果图案，第二张幻灯片中仅有两个单词——"Mac World"。乔布斯并没有将发表的主题一一列出，而是通过"今天我们一起创造历史"这样简单、明了的语句传达出核心信息。乔布斯此举深深地打动了观众的心，并且引发了更加热烈的掌声。

在小型会议室中进行演说时，尝试在幻灯片的开头与结尾处加入简单的音乐，不失为一个触动听众情感的好主意。

◎ **具体说明并强调核心内容**

史蒂夫·乔布斯总是按照特定的顺序来讲述故事。首先介绍前所未有的新概念，而后对其进行详细说明，最后对表达整体观点的内容进行概括。

在iPhone上市的发布会中，乔布斯对iPod、电话、革命性的网络通话这三个功能进行了强调和说明并要求听众复述，使所有人都自然而然地接受了他所传达的核心要素。

◎ **练习，练习，再练习**

史蒂夫·乔布斯在舞台上的样子十分泰然自若，因为他很清楚自己在演说中要说什么、什么时候说、用怎样的方式去说。乔布斯紧紧地抓住全场观众的注意力，根据事先设计好的走向，将发布会有条理地展开。

也有人认为乔布斯即使不对发表内容作任何准备，也能够很轻易地说出想要说的话，但这并不是正确的。乔布斯生前曾经说过，演说的秘诀在于"练习，练习，再练习"。虽然很多人都认识到了练习在演说中的重要性，但是亲身去实践的人却不多。

请记住，天才源于练习。

第二部分 编排故事：说一个好听的故事

活用故事的演讲

美国的法律采用陪审团制度和公判中心主义，演说能够在其中起到非常重要的作用，因为法官和评审团会根据当堂所说的话来作出判决。这不仅是一把衡量律师是否出色的尺子，也可以看出一个人到底有多会说话。在电影《芝加哥》中，理查德·基尔曾经扮演一名律师，能够凭借三寸不烂之舌为有罪的人成功地作出无罪辩护。

由于美国的律师要面对各种各样的陪审团成员，所以在进行辩护时，不仅要有逻辑性，还要做到让每个人都容易听懂。故事在这里便得到了充分的利用。传说中的著名律师安德鲁·汉密尔顿的辩护就很具有代表性。他维护"自由"的著名辩护，直到今天仍然可以给听众带来跨越时间和空间的感动。

"罗马的最后一位国王卢修斯·塔克文·苏佩布是惨无人道的暴君和独裁者，他通过暴政搜刮了大量的财富。布鲁特斯领导人民起义，推翻了他的统治。但是被逐出城外的塔克文并不甘心自己的失败。他暗中勾结和煽动贵族青年，向他们提供钱财，试图夺回王位。但是这一阴谋遭到了挫败，参与叛乱的贵族青年全部被抓了起来，这其中还有布鲁特斯的两个儿子。

"为了维护国家的自由与和平，并且阻止他人再次帮助塔克文进行叛乱活动，就必须对叛乱者作出严厉的惩罚，以示警戒。布鲁特斯亲自审判了参与叛乱的两个儿子，并且在全城人面前宣布了死刑的判决。由此可见自由在他心中是多么的重要啊。罗马人民看到布鲁特斯亲自将两个儿子处死的过程后，感到十分恐怖，布鲁特斯这样说道：

第11章 成功者用故事演说的秘诀

"'请不要认为我不爱自己的儿子,我儿子的死只会给我自己带来悲伤,但是如果丧失了自由,整个国家都会陷入悲伤之中'。

"如果将权力比喻为一条大河,那么在适当的界限内流淌便是美丽的。但若等到河水泛滥再进行阻止,那便为时已晚,会给所有事物带来毁灭性的灾难和破坏。正因为权力有着这样的特性,我们都应该尽到自己的义务,为了维护自由而付出一切。同时历史也证明了,当权者自身的欲望和野心会使国家民不聊生。

"总之,此刻摆在法院和诸位陪审团先生面前的,不是一件微不足道的私事;它不是你们正在处理的、仅仅事关一个穷印刷商或是纽约一地的事。不,绝对不是!它最后可能会影响每一个生活在美洲大陆的自由人。它是一个最崇高的事业。它是一个自由的事业。我深信无疑,你们今天正直的行为,不仅会使你们赢得同胞的爱戴和信任,而且每一位热爱自由、反对奴役的人都会祝福和敬仰你们——挫败暴政的企图,并以一个公正无私的裁决为我们自己、为我们的子孙后代,以及我们的左邻右舍享有自然与国家赋予的权利——以言说和书写真理来揭露和反对专制霸权的自由——奠定宝贵的基础。"

安德鲁·汉密尔顿为了阐述自由的重要性,引用了罗马帝国最后一个国王的故事,通过具体设定故事角色以及直接引用对话,把故事生动地展现出来。安德鲁·汉密尔顿明白,比起老套的罗列宪法条例,利用讲故事的方法能够给陪审团成员带来更深的印象和影响。

"想要成为更好的政府,就必须让每个人都有自由地讨论政策的权利,并且让新闻报道更加真实地反映出政府的政策。"

这是安德鲁·汉密尔顿在法庭上为《纽约周刊》的发行人约翰·彼得·曾格辩护的过程,最终约翰·彼得·曾格被判无罪,重获自由。并且通过这次案件奠定了美国言论自由的基石。

第二部分 编排故事：说一个好听的故事

安德鲁·汉密尔顿的辩护

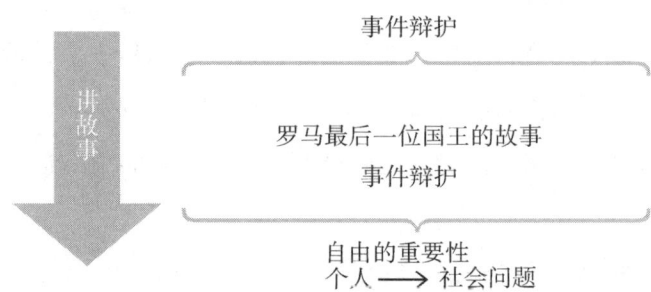

安德鲁·汉密尔顿的辩护像行云流水般一气呵成，将权力比喻为大河，并与自己所辩护的事件自然地结合起来。他在结尾处还指出了这个案件并不是一个人微不足道的私事，而是影响每一个人生活的重大事件，并借此完全抓住了陪审团员和法官的心。

包含着惊人的事实或特殊经历的故事可以引发并满足听众的好奇心，同时也是使演讲变得更有效率、更具说服力的最强武器。

第三部分

把握技巧：引爆现场的气氛

第12章 掌握最初的30秒

30秒决定成败

随着电视圈选秀节目的流行，出版界也开始大量出版与选秀相关的书籍。有一本选秀指导手册《30秒决定胜负的明星选秀》受到广大读者的关注。这本书中介绍了"选秀成功秘诀"，由于选秀评委们每天要对大量实力相近的参赛者进行评价，十分疲惫不堪，所以如果不能在30秒内展现出热情和自己的特别之处，那么就难以避免失败的结局。

"开场30秒决定成败"的选秀成功秘诀也正是"沟通成功的秘诀"。

当然，即使拥有非常丰富、精彩的内容，如果吸引不到观众的注意力也是竹篮打水一场空。演讲时坐在面前的听众与选秀时的评审并没有什么不同，都是最严格的评价者。不论你将要进行的演说多么精彩，通常人们都会以一种带有质疑的眼神看着你，不知道听你的演说是不是对自身宝贵时间的一种浪费。并且，他们只要很短的一段时间，便决定了是否要认真聆听你的

第12章 掌握最初的30秒

演说。演说就像选秀一样，如果不能在最初的30秒内掌握节奏、营造气氛，那么听众的心便像断了线的风筝一样，再也抓不住了。

那么要怎样做，才能让听众沉浸在你的发言中呢？以下是几个非常有效的方法。

◎ **展开话题**

对于许多人来说，第一次见面总是有些尴尬的。除了一些极富社交手段的人，大多数人在第一次见面时都很难找到适当的话题。

这是因为人与人之间存在着一道看不见的墙。但若想与初次见面或不那么熟悉的朋友展开话题，就必须越过这道墙。展开话题的初期过程用专业术语来说也叫作"破冰（ice breaking）"。

"破冰"在交流、沟通中非常重要，因为"破冰"能够减少初次见面的尴尬感，同时使人进入自然的社交状态。在此过程中可以使用幽默、称赞、提问、谈论新闻或经历、谈论公众演出或者重大事件等技巧。适当的话题能够吸引对方的兴趣与亲切感，尝试一下创造出属于你自己的"破冰"方式吧。

美国的福特总统在就任后，行事作风仍与之前没有什么差别。总统就任仪式中，他站在讲台上说了这样的一句话，使美国和全世界的人们都笑了出来。

"我不是林肯，我只是福特。"

福特总统在就任仪式开场时，通过幽默的话语，完成了完美的"破冰"。"福特"和"林肯"是两个总统的名字，同时也是两种汽车的品牌。福特总统将高级轿车"林肯"与大众型汽车"福特"相比，强调了自身的大众性、亲民性，并且借此向大众展示出自身的政治倾向和政治抱负，堪称完美的"破冰"。

◎ **出人意料**

"尊敬的各位先生女士们，大家好。"

"您好，我是×××。"

第三部分　把握技巧：引爆现场的气氛

如果你想在演讲或发表中使用惯用的开场白、应酬话以吸引听众的兴趣，那么我建议你放弃这种想法。

听众在无数次听到那些重复无趣、千篇一律的开场白后，反而会产生"每次演讲都是这些，真无聊"的负面想法。

出其不意是吸引注意和兴趣的最佳方法。如果能够根据演说的主题，选择符合题意又出人意料的开场白，听众就会被发言者深深地吸引住。

美国斯坦福大学商学院的奇普·希思教授，在与人合著的图书《让创意更有黏性》中，介绍了几个开场时就深深吸引住听众的演说示例。

一个博物馆馆长计划开展一项可供游客亲自接触、亲身体验的展示会活动。为了介绍和说明此次活动，馆长做了一次演说，并且在演说开始时关掉了会场所有的灯。"视障人士来博物馆参观时，就像现在大家所看到的情形一样。"馆长以此作为开场白，展开演说，成功地吸引了听众的注意力，每个人都听得聚精会神、津津有味。

印象深刻的开场白是短时间内吸引人们注意力的唯一方法。

在听众琢磨着"演说者会说些什么呢"的时候，馆长突然关上灯，使现场转暗。听众看不到周边的事物，只能将注意力集中在演说者的声音上。这样的行为不仅包含了具有一定冲击力的信息，也是一种吸引听众注意力的好方法。

演说中存在"初始效果"和"最新效果"。如果向人们列举几个词语，并要求他们全部背出来，那么根据每个词语在大脑中位置的不同，记忆的程度也不尽相同。大部分人都能够记住最初和最后的几个词语，但是对于中间的词语印象却不深。

因此在说出开场白前，应该慎重考虑表情、视线、微笑、声音、手势等重要因素。在演说时，演讲者的面貌、服装、表情、声音等都是左右成功或失败的重大因素。

第12章 掌握最初的30秒

◎ 提问

利用提问使听众参与到演说中的做法,能够有效地营造演说氛围。通过使听众思索和交流答案的过程,使听众沉浸在自己的演说中。

回想一下小时候,老师在课堂中提问的情形吧。在老师强烈的提问攻势下,本来昏昏沉沉的你是不是猛然清醒、困意全无呢?提问正是引发、维持紧张感的重要道具。

◎ 制造笑料

李萌薇曾经在泰国一所女子大学中用英语进行授课。由于不能用中文而是要用英语讲课,所以即使曾经有过许多授课经验,也倍感压力。那堂课的主题是"提升自我价值的演讲和形象塑造"。开始讲课时,李萌薇向学生们提出了这样的问题:"大家的人生目标是什么?毕业后想做些什么呢?"

一名学生举起了手:

"老师,我的人生目标是能够与一位优秀的男子结婚。"

"既然你的目标是结婚,那么为什么要读大学呢?"

"唔,至少也要毕业啊。"那名学生边说边尴尬地笑了。

就在这一瞬间,整个课堂都哄堂大笑。这个学生所说的话活跃了课堂气氛,像救世主一样将李萌薇从压力中解救出来,她便接着学生的话这样说道:

"我非常理解大家想要嫁给一个成功人士的心理。如果想要嫁得好,那么提升自身的价值就非常重要。现在我就给大家讲一讲如何提升自身的价值,如何进行精彩的演讲吧。"

此后的课程内容便在其乐融融的气氛中进行,直至结束。原本很容易让人精神涣散的授课,通过能够充分吸引学生注意力的话题,使学生们听得目不转睛,甚至纷纷主动举手提问。同时我也从他们的注视中得到了力量。

如果能够通过幽默的话语使在座听众哈哈大笑,听众和演讲者之间的好感度就会增加,那么之后的演说就会进行得更加顺利。

幽默有着吸引听众的注意力，并将其集中于自己演说内容上的一举两得的效果。幽默在演说中有着非常重要的地位，评价名演说的其中一个重要要素就是是否有趣。美国哈佛大学医学院心理学教授乔治·范伦特曾经将幽默称为"战胜痛苦的手段"。

◎ 切合主题

为了实现说服目的，在沟通开始时一定要活用幽默、提问、出其不意等技巧。但是必须记住，这些技巧内容不能偏离整体主题。即使再有趣再精彩的幽默或提问，如果偏离主题，就起不到对演说的辅助作用。

此外，演说必须具备引人产生强烈共鸣的内容。营造演说氛围的核心点在于使听众产生"这些话与我相关"的感觉。

大家还记得深受美国人民爱戴的里根总统吧。里根总统在任何场合都能表现出他卓越的幽默感，这一点也使他变得更加出色。

1984年美国总统选举时期，里根与其选举团队经过分析判断得出，在选举中需要克服的最大难题是大众对于里根年龄的争议，许多人认为里根已经太老了，不适合做总统。而里根的竞争者、总统候选者蒙代尔也在竞选期间不断地质疑里根的年龄。里根对于这样的挑战，作出了怎样的应对呢？让我们一起看一看电视讨论会中的片段吧。

蒙代尔：你如何看待总统当选的年龄问题呢？

里根：在这次选举中，我并不认为年龄是一个问题。

蒙代尔：这是什么意思？

里根：我的意思是，我并不打算出于政治目的，利用对手太年轻而导致的经验不足！

里根为了克服自己年龄上的劣势，以幽默的方式向对方提出了忠告，也借此一举达成了胜负的关键。由于年龄问题而受到对方的轻蔑，这也许很难忍耐、心里很不是滋味，但若对总是向自己挑衅的对手说出"现在的年轻人

第12章 掌握最初的30秒

真是没有礼貌！"这样的话，就会被认为是死脑筋、固执的人，获得选票就难上加难了。里根的幽默感不仅向天下人传达出他自身的精神面貌，同时也暗示了经验是总统当选中不可或缺的要素之一。

没有人会拒绝你的幽默

　　幽默是智慧与才华的显露。在平静的生活中，幽默是湖水中的涟漪；在豪迈的奋进中，幽默是激流中的浪花；在失败的困境中，幽默是黑夜里的星光。

　　自嘲式的幽默让人感受到谦逊和豁达，能使紧张的气氛变得轻松，使陌生的心灵变得亲近。

　　美国著名黑人律师约翰·马克在发表《要解放黑人奴隶》时，听众大部分是白人，还普遍对黑人怀有敌意，于是，他放弃了原来的开场白，讲道："女士们、先生们，我到这里来，与其说是发表讲话，倒不如说给这个场合增添点颜色。"听众大笑，对立情绪被笑声驱散，此后的几个小时，会场秩序很好。

　　调侃式的幽默使平凡的事情变得富有情趣，为呆板的生活增添了一道风景。

◎ "通"的秘诀

　　杰夫·伊梅尔特当任全球著名跨国企业——通用电气公司（GE）的董事长兼首席执行官已经超过10年。他在论述领导力时，幽默始终如一。

　　在最受职员喜爱的CEO调查中，"幽默型CEO"拔得头筹。幽默感就像能使领导牢牢地抓住职位，许多企业也纷纷下大力气增强职员的"幽默感"。不论是在全球声名卓著的联想集团，还是国内顶尖的大企业都争先恐后地为职员们准备了训练幽默感的课程。

第三部分　把握技巧：引爆现场的气氛

理由很简单，在这个沟通的时代，幽默感与决定沟通能力的情商有着直接的关系。幽默是一把万能钥匙，能够拉近彼此的距离、打开对方心灵的大门。同样，幽默在说服中也是极为重要的。

在对方埋怨、指责你的时候，用幽默来应对吧。在受到埋怨时，如果发火就会损害自身的个人形象，所以不论面对怎样的抱怨或指责，都应通过幽默和微笑，来保持自己的气度，成为一个通情达理、有度量的人。

◎让幽默保护你

在出色的政治家中，"幽默家"也比比皆是。美国总统亚伯拉罕·林肯就是其中一位代表性人物。他凭借充满才气和幽默感的演说，打败了无数竞争对手，获得了人民的支持与肯定。

这是一个林肯在上议院议员选举中作为候选人与竞争者交锋的故事。有一天，林肯与道格拉斯一起发表了一场演说。首先登上讲台的道格拉斯以高亢的声音讲出林肯曾经在食品店卖酒的旧事，以此对林肯进行攻击。

林肯登上讲台后，面带微笑，心平气和地说道：

"是的，这位候选人说的都是事实，我以前的确卖过酒。但是我经营商店的时候，来店里买酒买得最多的就是道格拉斯候选人，他是我店里的常客。并且我可以更明确地告诉大家的是，我不卖酒已经很久了，而道格拉斯候选人仍然是那家商店的常客。"

林肯通过既温和又有力的反驳，承认了曾经卖酒的错误行为，同时也指出了买酒来喝同样是错误的，但却半点也没有对道格拉斯进行直接的批评。道格拉斯脸红了，有些慌张。可他也不是省油的灯，他没有退却而是更大声地中伤林肯："虽然林肯候选人话总是说得很漂亮，可是他实际上是个表里不一的人，他人前人后有两副嘴脸。"林肯对于这样的人身攻击丝毫没有慌张，他沉着冷静地应答：

"道格拉斯候选人指责我有两副嘴脸。好，那请大家想一想，如果我真的有两副嘴脸的话,那么,像今天这么重要的日子,我怎么会带着这张这么难看的脸出门呢?"

林肯使用自嘲的手法,使现场的人们都笑得直不起腰来。就这样,林肯机智地运用了自己的幽默赢得了人们的喜爱,掌握了制胜的先机。

幽默不仅可以抵御对方的攻击,还可以直击对方要害,掌握主导权。

温斯顿·丘吉尔也是一位以幽默和机智的言辞引导大众的名演说家。有一天,丘吉尔与一位女议员竞争者展开了一次辩论。那位女性议员怒气冲冲地对他说道:

"如果我是你的妻子,我一定往你的咖啡里下毒!"

丘吉尔微笑地回答道:

"如果我是你的丈夫,我一定毫不犹豫地把它喝下去。"

女议员哑口无言。

◎ **幽默是最佳的关怀**

脱口秀女王奥普拉·温弗瑞以出色的幽默感闻名全球。她在节目中用幽默的方式消除初见面嘉宾的紧张感,营造出温馨、平和的谈话氛围,并与嘉宾进行真诚的深度谈话。

"我有一个典型的黑人大妈的屁股,这大概是上帝赐予美国黑人女性的通病吧。"

"我虽然不能体验所有女性的人生,但是我穿过所有女性尺码的衣服。"

在讲到人生与战争时,奥普拉也利用自身的缺点,以自嘲的方式转变为幽默的素材。

奥普拉经常以自嘲搞笑,是为了消除嘉宾的紧张感、拉近彼此间的距离,也是一种高度的关怀。她根据对象的不同,连敏感度较高的19禁笑话也能自然而然地讲出来。下面我们就看一看奥普拉的脱口秀的其中一集,看一看奥普拉是怎样用幽默营造谈话氛围的。

第三部分　把握技巧：引爆现场的气氛

有一次奥普拉的节目中，一名演员讲述了在拍戏过程中所经历的种种困难。但是在此过程中，这名演员的情绪太过激动而哭了出来。奥普拉并没有草率地安慰对方或是进行任何催促，只是静静地等着。不知道过了多久，这名演员停止哭泣时，奥普拉问道：

"肚子不疼吗？"

表面看上去是在问心里难不难受，但是同时也暗含了身体的隐秘部位的"安慰"。一瞬间就获得了现场的笑声，脱口秀节目得以用一种明朗的气氛结束。奥普拉将幽默比喻为自己成功的魔法。

"如果没有幽默，也没有今天的我。请记住，每一次微笑都可以提高成功的概率。"

不论何时都能够引发微笑的幽默感，关怀对方的沟通技巧，都是奥普拉成功的最强大的武器。

不论从事何种职业，领导的幽默感都可以使部门的工作氛围更加和谐。如果能够使对方发自真心地微笑，那么也就可以自然而然地打开对方的心门。

"微笑服务"理念的始祖，美国西南航空公司的创办人赫伯·凯勒赫曾经这样说过："人这一辈子只有短短几十年，同时也是一种艰苦的修行，所以幽默感是人生中必备的要素。"

当众坦诚弱点

坦诚自己的弱点有时是一种获得大众好感的有效方法。

美国汽车租赁行业排名第二的安飞士公司曾经在1960年用了相似的方法，获得了相当大的成果。当时赫兹公司在美国汽车租赁市场中排名第一，地位不可动摇。虽然安飞士公司排在第二位，但却仅仅是处于下游不利地位的众多企业之一，与赫兹公司相距甚远。那时安飞士公司进行了一次特殊的广告宣传战略，在广告中打出"安飞士只排在汽车租赁行业的第二位，为什么要选择安飞士呢？"的语句，并将这个"自贬"性质的广告广为传播。

人们很快就被这个有趣的广告所吸引。很快，广告又出了第二系列续集。

"我们加倍努力！"

这样的广告词使人们感受到了位居第二的安飞士公司想要努力成为业内第一名的信念与决心，使人们的关注度再次剧增。此后的第三系列广告又更进了一步。

"我们服务柜台的排队队伍更短！"

安飞士公司通过幽默的广告，向民众坦诚了自己在业界的二等地位，并展现出为提供优质服务而努力的决心，同时传达出由于客人不多所以服务非常迅速的信息，最终获得了民众的广泛认可。那一年，安飞士公司第一次脱离了财政赤字的困扰，达成了财政盈余的目标。

汽车租赁公司安飞士的故事

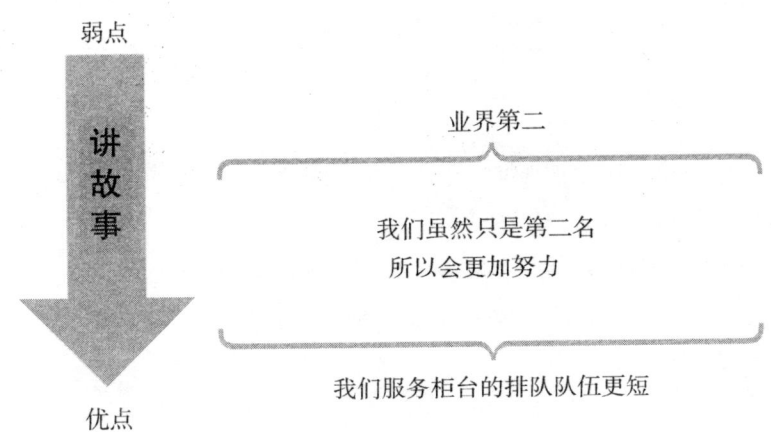

安飞士公司的系列广告将自身的弱点变为优点,大胆、独特的同时也是非常成功的广告,在广告史中享有重要地位,影响弥足深远。

演讲也是如此。听到他人炫耀自己的长处时,人们通常会产生反感。但是在听到别人的失败之谈时,反而会减少两人间的隔阂和紧张,拉近心与心的距离。这就是"负面共享效果"。比起尴尬的自夸自大,包含谦逊感的失败经历更容易获得他人的好感。

第13章　使用提升画面感的工具

一张照片的价值

2010年8月，美国《时代周刊》的封面上刊登了一张令人震惊的照片。照片上是一个鼻子被割掉的凄惨少女，呆呆地望着镜头。这实在是一张让人不忍直视的照片。那个少女究竟发生了什么事情呢？

她是一名阿富汗的18岁少女，名叫爱莎。在只有12岁时便被迫嫁给了一名塔利班武装分子。由于长期遭到丈夫和家人的暴力虐待，爱莎难以忍受，逃回家中。一天夜里，爱莎的丈夫和几个塔利班武装分子破门而入，为了惩罚爱莎逃跑的行为，残忍地割掉了她的耳朵和鼻子。

爱莎的照片生动、强烈地表现出在塔利班政府统治下，女性人权所遭受的无视与践踏。即使没有更多的文字说明和介绍，也十分有效地引发了公众的广泛关注，使公众了解到阿富汗女性在长期的战争中所承受的痛苦以及她们所经历的悲惨人生。同时也在世界范围内，引发出"一定要找到阿富汗女性人权问题解决方法"的强烈共鸣。中国有一句成语叫作"百闻不如一见",意为亲眼看到的远比听人家说的更为确切可靠。美国《时代周刊》的这次封面策划,正是包含了这样的智慧。

根据研究结果表明,85%以上的知识都是通过视觉印象获得的。因此在演说中要记住的是,同时给予视觉和听觉的刺激,能够给人留下更深刻的印象。

用视频提升演说的画面感

优秀的演说者能够使听众产生画面感。为了达到这个目的,可以采用讲述具体事件、展示照片或视频等视觉材料、描述出活灵活现的具体情境等方法。

例如,在以"高尔夫挥杆动作"为主题进行演讲时,比起用两个小时的时间来详细说明动作要领,不如在视频里用两分钟直接展示挥杆动作更为有效。

在介绍和宣传全新开业的高尔夫球场时,比起向顾客说"这是国内最好的高尔夫球场",不如拍一段视频观看一遍。

"我们的高尔夫球场的环境非常好,甚至只要到达入口处,心情就会变得轻松愉快。在晴空万里之下,绿草如茵、树木青翠,就像一幅水彩画。空气也非常清新,深深吸一口气便可获得从头到脚的畅快感受。走到宽阔的草地上,脚下就像踩着羊皮毯子一般柔软、舒适。那美丽的爱尔兰风景也是我们球场的特色。"

在视频中通过这样的介绍,能够有效地增强顾客的兴趣。具体的细节描

第13章　使用提升画面感的工具

述，可以为文字和语言赋予生动感。法国哲学家阿兰曾经说过这样的话：

"语句抽象总是糟糕的，句子里应该充满石头和金属、桌子和椅子、动物和男人或者女人。"

与演说内容切合的视觉材料非常有用。现在许许多多的演说、发布会中都会使用幻灯片软件，因为通过幻灯片可以很方便地展现出影像材料。

但是在运用幻灯片软件进行演说时，一定要注意避免这样的失误——将所有的演说内容列举于幻灯片中并且只是单纯地朗读出幻灯片中的文字。这种情况在大学生中极为常见。

即使屡次强调与听众间的眼神交流、简洁叙述核心信息、引发共鸣等演说的重要原则，还是有很多人不约而同地在演说时一行一行地朗读幻灯片中的文字。这样的错误做法只会在演说者与听众之间形成一道看不见的墙，更加分散听众的注意力。

大多数情况下，人们的注意力会首先集中于视觉材料中。注意力随着视线而移动，用眼睛就能够看到的东西，又怎会有要用耳朵聆听的道理呢？因此，如果你的演说过程只是大声朗读幻灯片的过程，那么对听众而言，本应作为演说主体的"你"便会渐渐消失，剩下的只有幻灯片而已。

在说明或强调某些图表或状况时，即使说一百句话也不如展示一次画面有效。但也没有必要将图表的分析全部插入幻灯片中，演说的关键在于合理分配发言与材料之间的关系。

任何情况下，幻灯片等影像材料都只是辅助手段，演说者才是真正的主角。在构想演说方案时，一定要牢牢记住这一点。

在表达抽象的理念时，手势和表情都是帮助演说产生画面感的好帮手。平淡无趣、单调乏味的朗读讲稿只会使人昏昏欲睡，有活力的肢体动作和丰富的表情才能为演说带来更加精彩的效果。

第三部分 把握技巧：引爆现场的气氛

演讲的视觉化

有两个视觉化的例子。

第一个例子，马特·卡茨的演说——"用30天挑战新事物"。

在全球TED大会中，出现了一场以"用30天挑战新事物"为主题的精彩演说。演说的发表者正是谷歌工程师马特·卡茨。他的这场演说可以说是一个有效利用幻灯片的优秀示例。

"培养新的习惯、尝试新的事物，只需要一个月。"

虽然这个主题并不新颖，甚至有些俗套，但马特·卡茨通过材料与演说的绝妙呼应，完全打动了在场的所有听众。

在演说开始时，幻灯片画面上出现了纪录片——《超大号的我》的宣传海报。

这部片子主要记录了30天内每天只吃汉堡所带来的身体变化，从而揭示垃圾食品所带来的弊害，同时也暗示出，30天的时间足够给人生带来巨大的变化。

马特·卡茨：当我30天都不吃糖，第三十一天就会变成这样。

幻灯片画面：充满了几十块巧克力的照片。

马特·卡茨：我从一位总是窝在电脑桌前的宅男，变成了一个为了兴趣而骑脚踏车去上班的人。

幻灯片画面：从马特·卡茨坐在书桌前的照片变为正在骑脚踏车的照片。

恰当地利用图片可以表现幽默感，吸引听众的关注度。如果马特·卡茨在演说时没有利用幻灯片，仅仅靠言语来表达，就只会成为一场平凡的演说。以图像材料作为辅助手段，合理分配利用，能够使演说变得更生动、更有趣。

第二个例子，露西·麦克蕾："怎样用科技改造人体？"

露西·麦克蕾是一个人体建筑师——她想象出许多将生物科技融合进人类身体的方法。虽然我在露西·麦克蕾的演说中第一次接触到这样的用语，但奇妙的是仅仅用了10分钟的时间倾听她的演说以后，竟几乎完全理解了她所提出的概念。

在人们完全没有知识储备的情况下，要对人们从未听说或见过的领域进行描述或说明是一个非常困难的过程。露西·麦克蕾利用一场梦幻、美丽的视觉演说，提出了用科技改造人体的方法，十分通俗易懂。

露西·麦克蕾在演说中所展示的图片，就像Vogue杂志中的权威时尚图片一样，充分抓住了听众的视线。通过展示可以让汗液散发香味的"香水药"、使皮肤与外界融为一体的新式"服装"，使听众理解人体改造的本质，并引发听众对于未来的人体改造技术积极展开想象。

第14章 修辞让听众充满想象

亚里士多德——三种基本说服方式

在谈起演说技巧时一定会提起一个名字，修辞学之父——亚里士多德。

亚里士多德在关于演说和辩论的古书《修辞学》中提出："修辞可以被定义为一种能力，在每一种特定情境或事例中发现可行的说服方式的能力。"并且提出了技术范围内的三种基本说服方式——人格诉诸、情感诉诸和逻辑诉诸，以及他们的最佳比例：6∶3∶1。

最为重要的人格诉诸是借助演说者的品格来说服论证。演说者的品格高尚，才能使听众觉得可信。假如一个被认定为非常可信的人，说出了一些不切实际的话，人们不但不会觉得奇怪，反而会一边频频点头一边赞叹说："原来世上还有这样的事情啊！"

排在第二位的是情感诉诸。在无法用事实进行说服时，使对方处于某种感情之中，会对说服力的提升大有裨益。伟大的演说家能够有效地调动听众

第14章 修辞让听众充满想象

的情绪，为达成说服而打下良好的基础。因此，想要在演说中增强说服力，就必须注重情感诉诸。

逻辑诉诸是以形式、惯例、推理模式去打动听众使之信服的感染力。对他人进行说服的过程，其实也就是基于原有的事实进行逻辑推理或引用例子，以达到演说者与听众之间的共同立场，从而使听众接受自己的观点，即"晓之以理"。

亚里士多德几千年前的说服理论即使放到今天仍然是非常有效的理论。2009年上映的人气电视剧《市政厅》中，扮演天才政治家的车胜元以一场既有理论性、又极富魅力的演说打动了市政厅人员的心。他所发表的演说正是包含了亚里士多德提出的三种基本方式的典范：

"我来问大家一个问题：一亿这个数字，究竟是赚比较快，还是数起来比较快呢？（一亿元韩币大约为60万元人民币）"

人们纷纷回答道：

"当然是数起来快了！"

"事实真是如此吗？那我们就来假设一下，假设我们一秒钟数一个数，假设我们不吃饭，不睡觉，不谈恋爱，一天24小时全都用来数数，一天24小时，换成分就是1 440分钟，换成秒就等于86 400秒，用一亿除以86 400秒，结果是数一亿的时间按天来算大约要用1 157天，按月算就是大约39个月，按年来算大概需要3年2个月。可是一个人怎么可能24小时都用来数数呢？当数字超过一万以后，1秒真的能数完一个数吗？按2秒钟一个数来算，要7年多才能数完，而按平均3秒计算的话就需要超过10年时间！

"那我们再重新回到开始的问题上来，一亿到底是赚起来比较快，还是数起来比较快呢？

"没错！赚到一亿可能比数一亿要快得多，可是，大家现在有一亿吗？就算像蚂蚁一样，兢兢业业地工作了10年，就算勤俭节约地存了20年，就算省吃俭用，哆哆嗦嗦地过了30年，大家如今赚到一亿了吗？究竟为什么那赚起来比数还快的一亿，就没能落在各位的手里呢？那么多的钱究竟都跑到哪里去了呢？

"因此，大家必须反省一下了，在您的人生之中，之所以没能发现您想要的东西，那是因为您作出了错误的选择！现在的各位，如果失去了工作，失去了房子，大概会认为，这就是我的命了，难道各位真的想要那种命运吗？绝对不是！

"大家的选择可以改变观念，观念变了，您的人生才会有变化，只有您的人生有了改变，您的儿女的人生才会有所改变，为了让您不再因为没有医药费，让生病的孩子痛苦呻吟，为了您不再为了孩子们的教育必须打包搬家，从现在开始，就让我来改变各位的人生吧！"

试想一下，如果你也在演说现场，你的决定会是什么呢？

温家宝——"引用"的技巧

温家宝曾任中华人民共和国总理一职，以引经据典的说话方式著称。不论是在演说还是在记者会中都喜欢在发言中引用适当的诗词、成语、典故俗语甚至是自己创作的诗歌。

温家宝曾就如何解决民生问题的提问回答说："解决民生问题要让人民生活得快乐和幸福。"接下来解释什么是快乐时，又引用了中国现代诗人艾青的诗句："请问开花的大地，请问解冻的河流。"

温家宝曾在人民日报中发表个人创作的诗歌——《仰望星空》，诗中所透露的对真理、正义、自由、博爱的思考，对国家民族人类共同命运的关

第14章 修辞让听众充满想象

怀，令人动容，发人深省。

我仰望星空，

它是那样辽阔而深邃；

那无穷的真理，

让我苦苦地求索追随。

我仰望星空，

它是那样庄严而圣洁；

那凛然的正义，

让我充满热爱、感到敬畏。

我仰望星空，

它是那样自由而宁静；

那博大的胸怀，

让我的心灵栖息依偎。

我仰望星空，

它是那样壮丽而光辉；

那永恒的炽热，

让我心中燃起希望的烈焰、响起春雷。

这首诗获得了中国人民的广泛喜爱和支持，甚至还出现在2010年的高考考题中。利用隐喻或引用进行回答的修辞方式在敏感的外交发言中发挥着巨大的作用。温家宝面对中国内地与台湾关系的提问时，也曾巧妙地引用"精诚所至，金石为开"。这句话来自汉朝王充的《论衡·感虚篇》，意为人的诚心能感动天地，使金石为之开裂。

温家宝所引用的内容非常丰富，远至公元前三世纪的楚国诗人近至现代作家。他堪称引用和修辞学的雄才。

当然，不是所有人都能够像温家宝一样引经据典，但是引用的内容并不

第三部分 把握技巧：引爆现场的气氛

一定是古籍或古诗，只要将自己所了解的素材，尽量引用即可。引用的内容能够成为支撑自己观点的有力后盾就足够了。

在需要引用的时候，不一定要找那些非常宏大的内容，从身边找一些广为人知、简单易懂的材料便可。将吸引、打动自己的句子记下来，以后便可在讲述自己的故事的时候或发表演说时使用。不论是喜欢的诗句、散文中的章节或是电影中的台词，仔细记录下来，日后都可成为引用的素材。

第15章　与听众交流就像谈恋爱

像恋爱般进行对话

要使演讲生动、感人,必须与听众不断交流感情,对听众举手投足间的行为给予实时的反映。演讲大师对此有一条建议——像谈恋爱一般去对话吧。

"在谈恋爱的时候,人们都会很在意对方的感受。对话也是如此,听众并没有义务聆听你的发言,我们应当用一句又一句精彩的话语使听众竖起耳朵,专心致志。若想拉远距离,需要'退',若想贴近距离,便需要'进与退'。"

虽然这是为了使人更加容易理解而进行的比喻,但事实上恋爱和演讲是非常相似的。

回想一下与心爱的人恋爱时的情景吧,一定不会是一个人不停地自说自话。在说话时,应该为自己所说的话留一些渗透的时间。也就是说,必须让人期待"接下来"的事情。

第三部分　把握技巧：引爆现场的气氛

无论多么流畅的话语，如果只是一个人的自言自语、自说自话，那么就无法得到对方的反应。

若想延续恋爱的热度，就必须维持一定的紧张感。这个技巧便是"进与退"，它能够将暧昧的、使人心神不定的个中趣味重新寻找回来。此外，一定要学会勾起对方的好奇心，使对方看了还想再看，认为一定还有什么有趣的没看过。

如果变得没有趣味、毫无意义，那么关系也就结束了。维持热恋的核心在于调节节奏的缓急。若是一味地拉紧绳子就容易断掉，若是一味地放松绳子就容易渐行渐远。

说服也是同样的道理，千万不能抱着我只要将准备好的话通通说出来就完成了任务的心理。能够说出不减弱听众的注意力和紧张感、不让听众认为我的演说很无趣、直到最后一秒钟仍能使人聚精会神、全神贯注的话语是非常重要的。

一定要记住"进与退"的重要意义。

适时地沉默

2011年1月，全世界的舆论媒体都以醒目的方式刊登了美国总统奥巴马的"沉默"。不久前，亚利桑那州发生了一起恶性枪杀事件，奥巴马在受害者的哀悼仪式中发表了演说。演说过程中，奥巴马总统为了平复涌上心头的悲伤，竟一时间忘记了演说词的内容。

奥巴马总统在演说中提到了最年少的受害者克里斯蒂娜："我多么希望美国的民主主义能与克里斯蒂娜梦想中的一样。为了使美国成为孩子梦想中

第15章 与听众交流就像谈恋爱

的国家，我们都应当竭尽全力。"说完，奥巴马总统的发言便停了下来，此后的10秒中眼神颤抖地望着右方，20秒后进行了一次深呼吸，30秒后眨了眨饱含泪水的眼睛。在51秒的沉默过后，终于稳定了情绪，将演说继续下去。

奥巴马总统从未曾在演说中如此流露感情，各大媒体都对这次的罕见事件进行了集中报道，并将"51秒的沉默"评价为其就任后所进行的最佳演说。

美国纽约时报在报道中称："作为总统，同时也是两个女儿的父亲，在这一瞬间向我们大家展现出坚决的模样。虽然在演说中并未明确言及两个女儿，但是沉默的瞬间，两个女儿一定都出现在他的心中。奥巴马总统就任以后，主要进行的都是以政策为焦点的演说，在那天却表现出与全国人民同心一志的感情。这是他就任总统两年来，最具戏剧性的一次演说，也是将会被牢牢记住的瞬间之一。"

奥巴马总统的沉默给美国政治圈以及全社会都带来了强烈的反响。就连平时一直攻击奥巴马的保守主义政治评论家都称赞奥巴马的行为具有"真实的美丽"，"非常令人震惊"。

在这无言的51秒时间中，美国人民与那对失去女儿的父母的心情融为一体，下定决心抵制暴力行为。而这场动人的演说，也使奥巴马的领导地位上升到一个新的高度。

四个技巧能够引发听众的紧张感，眼神交流、提问、靠近和沉默。

在发表演说中最为重要的主题之前，或是换为与之前不同的新主题时，沉默便是一个很适合的手段。就像在奥巴马总统的事例中所看到的一样，将沉默以戏剧化的形式使用时，可以在传达思想的过程中发挥重大的作用。拿破仑是进行煽动式演说的天才人物，他也经常采用沉默一段时间后再继续进行演说的技巧。演说鬼才史蒂夫·乔布斯也经常利用空白的幻灯片，在演说中加入适当的沉默。

第三部分　把握技巧：引爆现场的气氛

在演说过程中突然地沉默，会使听众瞬间紧张起来。那么接下来的话便更加能够刺激到听众的神经。这时演说者的沉默，与贝多芬的第九交响曲"欢乐颂"中高潮段落前的休止符一样，就像暴风雨来临的前夜一样，在暂时的平静背后所隐藏着的能量，都将在一时之间爆发出来。除了语言以外，也应利用表情或肢体动作这样的非语言沟通方式积极地与听众交流情感。在接下来要发表重要内容时，可以采用这样几个暗示的方法：从舞台的一角走到舞台中央集中人们的视线，或是不发一言用深邃的眼神凝视观众席带动气氛，抑或是深呼吸等意味深长的肢体动作。

在将听众的注意力提升到最高程度后，必须提出能够点出演说重点的有力主题。这时打破沉默的声音越平静，说话的速度越慢，就越能够增加要表达主题的分量感。

直击要害

在"进与退"的技巧中不可或缺的一点就是出乎对方的预料。有时不可预期的、出人意料的事件或告白可以带来戏剧化的效果。

在说服式沟通中"反转"技巧非常有效。韩国政治家中被认为是最佳演说者的已故前总统卢武铉，非常喜欢在演说中利用"反转"的技巧。他的演说被评价为"具有戏剧性反转的、痛快的感情抒发"。如果演说的内容出乎听众意料，便能够极大地提升听众的反馈。

演示技巧也是必需的要素之一。演示技巧可以帮助演说者作出完全令人意想不到的举动，或是帮助演说者在需要的时候从舞台上逃脱。

堪称世界级演说达人的美国人戴尔·卡耐基曾经说过："要想将既有的

第15章 与听众交流就像谈恋爱

事实以更生动、更有趣、更戏剧化的形式表现出来，就需要演示技巧。像电影中的场景一样，你若想吸引听众的关注，就必须那么做。"

史蒂夫·乔布斯在产品发布会中，将苹果超薄系列的电脑从文件袋中拿出，将iPod nano从牛仔裤口袋中掏出，都可以称为一种带有戏剧性的演示技巧。

在构思演示技巧时，请留意以下三点：不能让听众感到不舒服，必须能够获得好感，必须使人印象深刻。

控制节奏

美国的博恩·崔西在个人成长与职业发展领域有着独树一帜的心得。他曾经建议人们在演说时放慢语速，并且在暂停时保持微笑。放慢语速可以使语调更加平稳，使发言的内容被更加明确地、更有条理地传达出来。并且，在语句之间的暂停过程中，保持微笑，可以给听众带来温暖、善意和包容的感觉。那么听众也就会以更加开放的心态去聆听、接受你的理念。

停顿的五个效果

受到美国舆论媒体一致称赞的奥巴马总统在演说中的"沉默"，可以创造出戏剧性的场面，同时发挥如下五个效果。

◎ **集中效果**

人们在连续听到三个以上句子时，就会产生负荷感并且难以充分地理解内容。注意力不集中，精神也会变得涣散。因此在进行演说时，在句子结尾处或是说到重点内容时，应当暂时停顿一下。待听众做好准备继续接收新的信息时，再继续接下来的演说内容。

停顿是集中听众注意力的有效方法。在演说时突然暂停发言，能够吸引听众的视线。不论是专心聆听的听众还是与旁边的朋友窃窃私语的听众，都会在这一瞬间集中精力，对演说者接下来将要发表的内容感到十分好奇。

◎ 戏剧效果

在发表了重要的言论之后，暂时停顿一下，人们就会意识到刚才那句话的重要性。如想要在对方脑中植入特定信息、思想时，停顿也具有强大的效果。奥巴马总统在演说中51秒的沉默，同时具备了集中效果和戏剧效果。倘若一个人对自己非常生气，不断地说出伤人的话语。那么不论对那个人说出多么有道理、多么有说服力的话，也往往无法平息其愤怒。相反不使用语言，而是沉默几秒钟，倾听对方的话语并且微微点头，反而能够在一定程度上降低了对方的愤怒感。在沉默时作出理解对方的表情，能够发挥比话语更强烈的戏剧性效果。

◎ 强调效果

在要对核心内容进行强调时，停顿也是一个非常好的方法。举例来说，在研讨会进行时，暂时停顿话语，以非常好奇的语气问："在这个会场中最重要的人是哪位呢？"在听众寻求答案、费心思索的时候，暂时停顿一下，等一等。就会有人回答说"就是我！"或是"就是正在讲台上的你啊！"在为了集中听众的注意力而进行的故意的卖关子后，便可以这样回答："你们全部都是这个会场中最重要的人。"

◎ 参与效果

如果演说者只说出句子的一半，那么听众就会将注意力集中到如何完成这句话中。这样听众也会更加认真地倾听你的发言。

第15章 与听众交流就像谈恋爱

举例来说，若想要强调"想要在竞争越来越激烈的业界生存下来，需要不断地努力以提升竞争力"这一点。"遇到越多挑战和困难，就会变得越强大的人们……"像这样把句子只说一半，并暂时停顿等待。听众就会给出"未来就会成功"等完成句子的答案。在使用这个技巧时，必须等到听众给出答案为止，待听众给出答案后，再次将句子完整地说出，便会给听众留下极为深刻的印象。

◎ **减少言语失误**

人们经常会在说话过程中发生一定的失误。即使是擅长辩论的人，也经常会说出不适当的话，给人留下话柄。不论多么会说话的人都一定会产生失误，许多政治人物和公众人物因此而遭受非议的情况也不是一两次了。倘若主播想要在现场直播的节目中说出过多的话，就一定会失败。在脑中未经整理过的事情，又怎么能轻易从口中说出呢？这时，适当的停顿能够留下思索的时间，减少发生言语失误的机会。

第16章　开场白、正文与结尾

开场白：好的开端是成功的一半

◎ **好的开场白的作用**

凤凰头，小巧美丽。演讲词开头应该短小精巧，新颖诱人。出语不凡的开头，能唤起听众的兴趣和求知欲，产生巨大的吸引力，紧紧抓住听众的心，使听众非听下去不可。精巧的开头，画龙点睛，勾勒提要，能自然顺畅地引领下文，把听众带进声情并茂的演讲情景中去，造成有利于接受演讲观点的心理定势。

1.揭示演讲基本内容和主旨

毛主席在《改造我们的学习》的演讲中，开头就说："我主张将我们全党的学习方法和学习制度改造一下。"这个开场白，开宗明义，揭示演讲的基本内容和主旨，紧接着揭示下文将要说明改造学习方法和学习制度的理由，以引起听众的注意。

开宗明义、开门见山,是中国传统的作文法,也符合听众一般的心理要求。有的演讲开头注意使听众具有一定的心理准备,从而与演讲者建立协调和谐的联系。

2.交代演讲要点或演讲的基本结构

邓小平的《精简军队,提高战斗力》是这样开头的:

军队的问题,最近我和一些同志谈过,主要有四个问题:第一是'消肿',第二是改革体制,第三是训练,第四是加强政治思想工作。

接下来的演讲就是对上述四个问题的展开。这种方式使听众一开始就能从总体上把握演讲的纲目、梗概,听起来眉目清楚,脉络分明,容易产生深远的影响。

演讲的内容要点,往往体现了演讲的基本结构。这种开头,一方面便于演讲者搞好演讲总体布局,理顺头绪,条分缕析;另一方面对听众把握演讲要点、轮廓和演讲者的思路有很大好处,使他们不至于如堕云里雾里。尤其是内容繁多的演讲,可以适当运用如下开头方式。

3.安定听众,控制会场

毛主席在《中国人民站起来了》和《整顿党的作风》两篇演讲中,是这样开头的:

诸位代表先生们,全国人民所渴望的政治协商会议现在开幕了。

党校今天开学,我庆祝这个学校的成功。今天我想讲一点关于我们党的作风的问题。

前一个开头语先有对听众的呼语,接着开门见山宣布会议的名称和开始。第二个开头语先提出讲话的缘由,表示对会议的祝愿,接着提示这次讲话的基本内容。

这两个开头简短、明确,能够起到镇场的作用,使听众以良好的心理准备,聚精会神地听取演讲者的发言。

第三部分　把握技巧：引爆现场的气氛

在演讲的场合，尤其是在人数较多的情况下，听众各有所思，要把听众引入演讲的场景，集中神思，不仅要依靠主持者，也要靠演讲者出好"安民告示"。

4.吸引听众

毛主席《反对党八股》的演讲是这样开头的：

刚才凯丰同志讲了今天开会的宗旨。我现在想讲的是：主观主义和宗派主义怎样拿党八股做它们的宣传工具，或表现形式。我们反对主观主义和宗派主义，如果不连党八股也给以清算，那它们就还有一个藏身的地方，它们还可以躲起来。如果我们连党八股也打倒，那就算对于主观主义和宗派主义最后的"将一军"，弄得这两个怪物原形毕露，"老鼠过街，人人喊打"，这两个怪物也就容易消灭了。

这个开头寓幽默、形象、哲理于一体，里面有发人深省的严肃问题：党八股与主观主义、宗派主义的关系；有比喻，把主观主义和宗派主义比作怪物，以表示轻蔑；用"将一军"、"老鼠过街，人人喊打"这类俗语歇后语，以增加风趣、幽默的情味，所以听起来饶有兴味。

吸引听众的方式有多种，有的是在开头采用幽默语、形象语、发问语、警句、格言、典故、谚语等以引起听众的兴趣；有的语言朴实无华，但提出的是党和国家的重大问题；有的则充满激情，具有振奋人心的作用。

5.沟通演讲者与听众的情感

在一次欢迎加拿大贵宾的宴会上，加拿大总理特鲁多致辞说：

昨天的我观赏了香山枫叶，使我想起了我们国家美丽的秋天。那枫叶也是我国秋天的美景，大家知道，枫叶还是加拿大国旗上的图案。我请大家尝尝宴会上的糖果，它是从枫叶上提炼出来的，是不是和北京东风市场上的果脯一样甜蜜。

这样的讲话开头典雅、优美，尤其注意到以两国相通的事物来沟通演讲

154

者和听众的情感,具有沁人心脾的最佳效果。

这种开头方式在陌生的演讲场合和国际外交交往中常常使用,采用的方法是恰当使用礼貌用语或家常话,或者适当说明演讲者与该地人民之间的实际交往和感情联系,或者适当评价当地的名山大川、人物、历史以及演讲者的向往,或者恰当引用当地的民间谚语、俗语或文学形象,等等。

英国女王伊丽莎白二世有一次访问中国,在为她举行的国宴上,她在祝酒词的开头这样说:

约390年前,我的祖先,伊丽莎白一世女王,曾写信给万历皇帝,希望发展英中通商。由于使者遭遇到不幸,这封信始终没有送到。幸而,自从1602年以来,邮政改进了。您请我们来的邀请,安全地送到了。我极其荣幸地接受这个邀请。

这个开头十分别致,产生了极其强烈的魅力。

由此可见,有一个好的开场白,是多么的重要。演讲学界曾有人指出:如果没有一个好的开头,想在整个演说过程中始终做到轻松、巧妙地与听众交流思想是颇为困难的。有演讲经验和演讲学识的演讲家,通常都非常重视演讲开头的设计。这样说的理由很简单:演讲开头是演讲者向听众出示的第一个同时也是最重要的信号,能否抓住听众的注意力,引发他们听的兴趣和积极性就取决于这最初发出的信息。俗语说:良好的开端是成功的一半。这句话用来说明优秀演讲开头的功用颇为适宜。

◎开场白常用的几种方式

演讲的开场白通常有以下几种方式。

1.开门见山式

开门见山,用精练的语言交代演讲意图或主题,然后在主体部分展开论证和阐述。这种开场白方式非常常见。

1883年,马克思逝世,恩格斯发表了著名的题为《在马克思墓前的讲

第三部分 把握技巧：引爆现场的气氛

话》的演讲：

3月14日下午两点三刻，当代最伟大的思想家停止思想了。让他一个人留在房里总共不过两分钟，等我们再进去的时候，便发现他在安乐椅上静静地睡着了——但已经是永远地睡着了。

这个人的逝世对于欧美战斗着的无产阶级，对于历史科学，都是不可估量的损失。这位巨人逝世以后所形成的空白，在不久的将来就会使人感觉到。

恩格斯的开场白以简洁的语言交代了演讲的中心论点：马克思的逝世；马克思的逝世是无产阶级不可估量的损失。

开门见山式开场白适合运用于较为正规、庄重的应用性演讲场合。它要求演讲者具有较强的概括能力。著名羽毛球运动员韩健在他载誉归来的汇报演讲中就采用了这样的开场白：

尊敬的领导，亲爱的同志们：

我从17岁开始从事羽毛球运动，至今已经14年了。在这14年里，我有过成功的经验，也有过失败的教训；有过当世界冠军的喜悦，也有过败北的痛苦。今天，我不想炫耀自己如何"过五关斩六将"，而只打算认真地谈一谈"走麦城"。

开门见山的内容可以从下面几方面来考虑。

（1）由演讲的题目谈起

这种开头不仅交代了题目及演讲的缘由，吸引了听众的注意，而且还便于引出下文，使听众觉得自然流畅。

例如，鲁迅先生的演讲《少读中国书，做好事之徒》是这样开头的：

今天我的讲题是：《少读中国书，做好事之徒》。我来本校是搞国学研究工作的，是担任中国文学史课的，论理应当劝大家埋首古籍，多读中国书。但我在北京，就看到有人在主张读经，提倡复古。来这里后，又看到有些人老抱着《古文观止》不放,它使我想到:与其多读中国书不如少读中国书好。

鲁迅先生是教中国文学史的,竟然要大家少读中国书,为什么?听众带着这个疑问,就非听下去弄个明白不可。

(2)由演讲的缘由讲起

这种开头一开始便三言两语向听众说明演讲的起因,然后顺水推舟导入下文。

1987年,美国航天飞机"挑战者"号,在升空后突然爆炸,当时的美国总统里根在遇难机组人员悼念仪式上,发表了一篇激动人心的演说,开头是这样的:"今天,我们聚集在一起,哀悼我们所失去的7位勇敢的公民,共同分担内心的悲痛。"

这种从缘由讲起的方法,不仅能使听众概括地知道演讲的来龙去脉,引起听众的兴趣和注意,而且和正文的衔接也较为自然流畅。

(3)自报家门式开头

演讲一开场就来个自我介绍,或介绍个人经历、性格爱好,或表明立场观点。这样的开头诚挚坦率,能融洽气氛,吸引听众。

例如抗战时期,著名作家张恨水在成都大学演讲的开场白是:

今天,我这个"鸳鸯蝴蝶派"作家到大学区来演讲,感到很荣幸!我取名"恨水"不是什么情场失意,我取名"恨水"是因为我喜欢南唐后主一首词《乌夜啼》。(朗诵该词)我喜欢这首词里有"恨水"两字,我就用它做笔名了。

真是快人快语,把自己的文学流派、性格爱好统统"自报家门",毫不相瞒。这样开场显得真诚坦率,听众顿时受其感染。

2.提问式

有时在演讲中,一上台就向听众提出问题,让听众和演讲者一起思索,使听众从头至尾集中精力听讲,以印证自己的想法和演讲者的看法是否相同,是否正确。只要提出的问题是群众关切的,是听众迫切想知道而又感困惑的,这种方式一定能像一把钥匙一样,开启听众的心门,使演讲者进入他们心中。

复旦大学有一次举办《青年与祖国》的演讲比赛,当时由于种种原因,会场嘈杂难静。当时有位同学上台,他刚讲个开头,就立即扭转了混乱局面,紧紧抓住了听众的心。他说:"我想提个问题。"台下听众立即被他这种新奇的开头形式所吸引。他停顿了一下,继续说:"谁能用一个字来概括青年和祖国的关系呢?"这时,台下听众议论纷纷,情绪活跃。他立即引导说:"可以用'根'字来概括这种关系。"接着,他讲述上海男人名字喜欢用"根"字的原因,并归纳说:"我们青年有一个共同的姓,就是'中华';有一个共同的名,就是'根'。'中华根'应该是中国青年最自豪、最光荣的名字!"话音刚落,全场顿时掌声雷动。这样的提问开头,新颖别致,出人意料,让人耳目一新,激起了听众浓厚的兴趣。

3.幽默式

幽默式开场白往往亦庄亦谐,妙趣横生,既语带双关,又不失犀利。演讲时用幽默法导入,不仅能够较好地表现演讲者的智慧和才华,而且能使听众在轻松愉快的气氛中不自觉地进入角色,接受演讲的内容。同时,在幽默趣味的开场中,不时发出一种与导入语语感、语意十分和谐的笑声。这轻松的一笑,不仅给听众以美的感受,而且能沟通演讲者与听众之间的感情。

1965年11月,美国友人安娜·路易斯·斯特朗女士在中国庆祝她的80寿辰,周恩来总理特意在上海展览馆大厅举行了盛大的祝寿宴会。周恩来的开场白是:

今天,我们为我们的好朋友、美国女作家安娜·路易斯·斯特朗女士庆贺"40公岁"诞辰。(参加宴会的祝寿者为"40公岁"这个新名词感到纳闷不解）在中国，"公"字是紧跟它的量词的两倍。40公斤等于80斤，40公岁就等于80岁。

周恩来巧妙的解释在几百位祝寿者中激起了一阵欢笑，斯特朗女士也高兴得流下了眼泪。

当你在做严肃的政治演讲时，是否觉得很难使听众产生浓厚兴趣？那么，来看看英国文学家吉卜林在开始政治演讲时，是怎样逗引听众大笑的。

他所讲的并不是编造出来的故事，而是他自己过去的经历，并且用一种戏谑的口吻指出其中的矛盾。他说："诸位，我在年轻的时候，住在印度。我常常替一家报社采访社会新闻。这工作是非常有趣的，因为它可以使我有机会去认识一些从事伪造货币、盗窃、杀人以及这一类富有冒险精神之事的有才干的人。"听众大笑，"在我采访到有时他们被审判的情形后，我还要到监狱里去，拜望一下我们那些正在受罪的朋友。"听众又发出笑声，"我记得，有一位因为杀人而被判无期徒刑的人，是一位绝顶聪明而又善于说话的青年。他告诉我一段在他看来是他一生最重要的话：'我觉得一个人如果一失足跌入罪恶的渊薮里，他一定要从此为非作歹不止，最后他竟以为唯有把他人都挤到邪路里去，才可实现自己的正直'。"这番演讲，真是妙不可言。听众的笑声和掌声同时响起了。

4.名言式

演讲开场白也可以直接引用别人的话语，为展开自己的演讲主题做必要的铺垫和烘托。名人说过的格言，永远具有引人注意的力量。所以，能适当地引用一句名人说过的话，也不失为一种为演说开端的好方法。

例如，演讲题为《让生命在追求中闪光》的开场白是：

美国黑人教育家本杰明·梅斯有句耐人寻味的名言："生活的悲剧不在于没有达到目标，而在于没有想要达到的目标。"这话是极有道理的。

随着生活节奏的逐步加快，时间以分秒来计算，因而，当今社会的演讲

第三部分　把握技巧：引爆现场的气氛

也要适应时代的这一特点。

在一定的场合演讲某些种类的问题时，一开始，就恰当地引用名人名言，是最巧妙的方法。因为既称"名人名言"，就意味着它在群众中有影响，有权威，受信赖，易接受；也表明，在名人论述的那个问题上，其理论深度已达到相当水准，在这个基础上再阐述发展，对听众会更有吸引力。

有一位教育家在以事业成功为题做演讲时，他先引用著名大演说家卡耐基的话说：

世界上的最优奖品——荣耀与金钱，只赠给一件事，那就是创造力。什么是创造力呢？让我告诉你们，就是不必别人指示，而能做出确实的事情，并获得成功。

这段演说词的开头，有几个特点是值得称道的。它的第一句话引用了名人名言，就引起了听众的好奇心，使听众愿意听下去，想再多知道一些。演说者如果在说完"只赠给一件事"的后面，能够十分巧妙地略略停顿一下，那更会使人迫不及待地要问世界把最优等的奖品赠给了谁，他的第二句话立刻把听众引进了题目的中心。第三句是问话，可以引起听众的思索，而且使听众愿意共同讨论。第四句给创造力下了一个定义。

在这样的基础上，演说者再列举大量生动的事例，从理论上展开创造力对事业成功的作用的分析，当然会把听众的情绪引向高潮。

当然，我们也能引用名人的话开头。

有人在讲述汤姆斯·劳伦斯上校在阿拉伯的冒险故事时，曾这样开始：

路易·乔治曾经说过，他认为劳伦斯上校是当代最浪漫而又最潇洒的人物之一……

这样的开始，有两个好处：第一，引用一位名人所说的话，易使听众对于下面的话格外注意；第二，就是引起人们的好奇心，他们一定要问：他怎样浪漫？他怎样潇洒？我从未听说过这个人，他做过些什么事？

第16章 开场白、正文与结尾

在演讲中,也可以适当地运用成语名言开场,这样可以强化演讲开场白的分量,给听众留下难忘的印象。

例如,讲题为《青少年应珍惜光阴》,那么在开场白的语言中,如果运用"一寸光阴一寸金,寸金难买寸光阴"或"大禹圣人,乃惜寸阴;至于今人,当惜分阴"之类的格言,就容易抓住听众的心理,给人留下深刻的印象。

那么,如何做到这一点呢?这就要求我们在平时多收集精练明了的成语名言,并进行分类整理,这样,到设计演讲词的开场白时便能得心应手了。

5.用故事开头

用形象性的语言讲述一个故事作为开场白会引起听众的莫大兴趣。选择故事要遵循这样几个原则:要短小,不然成了故事会;要有意味,促人深省;要与演讲内容有关。

1962年,82岁高龄的麦克阿瑟回到母校——西点军校。一草一木,令他眷恋不已,浮想联翩,仿佛又回到了青春时光。在授勋仪式上,他即席发表演讲。他是这样开的头:

今天早上,我走出旅馆的时候,看门人问道:"将军,你上哪儿去?"一听说我到西点时,他说:"那可是个好地方,您从前去过吗?"

这个故事情节极为简单,叙述也朴实无华,但饱含的感情却是深沉的、丰富的。既说明了西点军校在人们心中非同寻常的地位,从而唤起听众强烈的自豪感,也表达了麦克阿瑟深深的眷恋之情。接着,麦克阿瑟不露痕迹地过渡到"责任—荣誉—国家"这个主题上来,水到渠成,自然妥帖。

故事式开场白是通过一个与演讲主题有密切关系的故事或事件作为演讲的开头的。这个故事或事件要有人物,有细节。

例如,《救救孩子》的演讲开场白:

《新民晚报》披露了这样一个事实:一个四年级的小学生,每天要带父母亲剥了壳的鸡蛋到学校吃。有一次,父母忘了给鸡蛋剥壳,差点憋坏了孩子，他对着鸡蛋左瞅右看，不知如何下口，结果只好原蛋带回。要问他怎么不吃蛋，回答很简单："没有缝，我怎么吃？"

演讲者以小学生不会剥鸡蛋这样一则新闻报道开头，把听众带入他的演讲主题：家长要重视培养孩子们独立生活的能力和战胜困难的勇气。

6.以事实开头

一般的听众长时间静听抽象的议论，会感到不耐烦。而讲实例总是比较入耳，使听众有兴趣听下去。那么，为什么不先讲实例做开端呢？可有些演讲者，他们总觉得应该先做一点概括的议论为好，这是完全不必要的。用实例开场，引起听众兴趣，然后再接续一般的陈述，反而使听众容易接受你的观点。

例如，下面玛丽瑞艾蒙德的这篇演说开端就非常讨人喜欢。这是她在法律尚未禁止童婚之前，于纽约妇女选举协会上做的演说：

昨天，当火车经过离此不远的一个城镇时，我忽然想起数年前在那里发生的一桩婚姻。因为在这纽约州中至今还有许多婚姻都像这样轻率与不幸，所以今天我愿意详细地描述那桩婚姻的情形。那是在12月12日，该城中某高等女校的一个年龄15岁的女孩子，遇见了附近一位大学一年级的学生。到12月15日——即相识三天后，他们虚报那女孩子为18岁，而领了结婚证，因为依据法律，到这个年龄就可以不用取得父母的许可即能结婚。他们领到结婚证后，便立刻去找一位牧师证婚（那女孩是天主教徒）。但那牧师却很正确地拒绝了他们。不久，那女孩子的母亲听说了这件事。然而在她等到她的女儿之前，一位保安官已使这一对年轻人成了眷属。随后新郎便把新娘带到旅馆里同居两天两夜，之后他却抛弃了她，再也不和她同住了。

讲完这一实例后，她再详细阐述反对童婚的观点。

这样的开头，自然、真实、具体，使听众感到亲切，愿意再听下去，也乐意而不是勉强接受演讲者的观点。

第16章 开场白、正文与结尾

7.拿实物做开端

拿一些实物来给听众看,这是引起人家注意的一个最容易的方法。这种实在的刺激物,有时在一些知识程度很高的听众面前,也会产生很好的效果。

某中学生在参加以"珍惜时间"为主题的演讲赛时,在教室的窗台上拾起一片黄叶,走上讲台,开始演讲:

亲爱的同学们,你们看我手上拿的是什么?是一片落叶吗?不错。然而仅仅只是一片落叶吗?不。它是穿过时空隧道的过客,是一叶凝聚的时间,是一首哀叹时间一去不回头的诗。我们读它,仿佛是在与那来去无踪的时间对话。从这里,我们看到了时间的力量和冷峻。绿叶婆娑,那是时间的恩典;黄叶飘零,那是时间的摧残。面对它,我们还有什么理由轻视时间呢?……

演讲者匠心独运,以实物为切入点,用一片落叶来具体形象地阐发时间哲理,激起了听众心中的波澜,超越了空洞无物、泛泛而谈的老调子,给人以心灵上的共鸣,给听众以耳目一新的感受,效果相当不错。

这种开头方式多在军事演讲、法庭演讲或学术演讲中使用。它通过展示实物,首先给听众一个感性的直观印象,然后借助具体实物,提出和阐述自己的见解。例如,军事演讲首先向听众展示军用挂图或战场实物,学术演讲首先展示科研成果或图表,法庭演讲展示证物,等等。这样开头,由于增强了演讲的直观性和实体感,更有利于内容的表达和逐步深化。

◎ 几种蹩脚的开场白

好的开场白能给演讲者增色不少,可是许多开场白让人听了十分不舒服。蹩脚的开场白有下面几种。

1.远离主题的废话

呃……早上好呀……女士们……呃……先生们。你们得多多包涵,我夜里……呃……着了一点凉……所以我呢……呃……要是我讲的声音……

第三部分　把握技巧：引爆现场的气氛

呃……有点鼻塞语浊，那还请多加见谅了。

这也许能赢得一些听众的些许同情（如果你是在足球俱乐部年宴上做餐后讲演，那可别指望会有这样的回应），但是很难建立你的可信度，也很难抓住听众的注意力。

开场白贵在简短切题，迅速把听众引入问题情境，使之尽快把握演讲的题旨和思路。但有些演讲者却不为听众着想，一开头就吐出一大堆无谓的言辞和热烈的废话，白白浪费听众的时间。这种无聊的开场白，也应加以克服。

女人需要男人，如同鱼儿离不开水。如果一个民族要同我们的欧洲竞争，那我们务必用两手紧紧抓住棘手的问题。

我最近为生意上的事去香港一趟，一路顺风呀。美中不足的是我的行李没有随机回来！不管怎么样，我们今天的话题是"管理难对付的人"。

用笑话开始你的演说固然好，这样的方法可以一举成功——如果笑话生动有趣，你又讲得娓娓动听的话。不过，请记住，笑话的取舍在听众方面，讲得好坏并不全取决于你自己！

2.老生常谈的话

不要用老生常谈的话语，如"我很不习惯当众讲话"或过分雕琢的虚假故事。请朋友直言不讳地对你的表达或故事提出批评。

还有一种就是套话，顾名思义是一种老套子话，是一种八股式的俗套子。其思想内容和语言形式都形成了一种固定的格局，而且相沿成习，大家都要如此这般地照套一番，就好像看到市面上某个时期流行的某种款式的帽子一样。

在国内外一派大好形势下，我们迎来了……年的春天。

在……正确的领导下，在……亲切关怀下，在……共同努力下，我们单位取得了一个又一个的胜利。

当……节来临的时候，我们举行了……盛会。这个会议开得非常及时，

第16章 开场白、正文与结尾

非常重要,将会产生深刻的影响。

这些话若是成了一种老调子,大家都如此说,就失去了演讲者个人的特色,也未必符合实情,使听众觉得腻味,因而起不到积极的作用。

3.故弄玄虚

诚挚的谦虚精神是美德。演讲者的谦虚是赢得听众合作的重要条件,但关键是态度要诚恳。有一些演讲者开头尽管说得很客气,但是明显地透着一丝虚假。

明明是要指导别人,却故意说成是"我向大家汇报来了"。

明明是很欣赏自己的做法,很想当众介绍自己的经验,却要说成"大家让我讲几句,本来我不想讲,一定要讲就讲吧"。(不想讲还讲,岂不是废话)

明明是苦心经营,却要说成"同志们,我没什么准备,实在说不出什么。既然让我讲,只好随便讲点,说错了请大家原谅"。(虽是谦词,但都是没用的废话)

"同志们,这几天实在太忙,始终抽不出时间,加上身体欠安,恐怕讲不好,请大家原谅。"(既然那么多客观原因,何必要来讲呢)

这种讲坛弊端,令人厌恶,必须加以克服。

4.不尊重听众

"今天我要讲的这个问题,是你们从来没有听说过的。你们要注意听。"和"最近我了解了一下情况,你们许多人对××的理解很成问题,很不像话。这个问题不能那样认识,应该这样看……"这类开场白最容易引起听众的不满甚至愤慨。

有的演讲者喜欢摆架子,把听众当成"阿斗",由于缺乏平等的态度和民主精神,往往一开头就口气很粗,甚至板着面孔训人。

5.超乎实际的惊人之谈

有一些演讲场合,常可听到某些言过其实的说法。例如,有的演讲主持者在开头向听众介绍某些稍有作为的演讲者时,称为"明星"、"著名学者"、"著名专家",等等。这类虚诳不实之词最容易引起听众的反感。

不要用故意提及名人的名字以抬高自己身份的办法来建立可信度。不要让听众认为你只是为了满足自己的虚荣心。

正文:直接关系到演讲的成败

◎安排好正文的层次

条理清晰是对演讲正文的基本要求。演讲是比较系统的谈话,必须有条有理,让别人听得章法井然才好。

1.演讲条理的重要性

演讲条理清楚是从结构上来说的。平时交谈,说一两句简短的话谈不上条理清楚。如果要说的事比较复杂,头绪繁多,就需要将话题安排得有条不紊,脉络清晰。而在演讲过程中,如果一位演讲者从一个问题跳到另一个问题,然后又回过头来再谈一遍这个问题,就会像一只蝙蝠在夜色中飞翔那样飘忽不定。没有什么比这种演讲更令人感到困惑和糊涂了。

为了不使听众坠入云里雾里,就要对所讲内容有深刻的理解,并对要说的事情进行系统而又周密的安排。一定要抓住并紧紧地围绕主线,安排好次要线索,注意前后衔接,首尾照应,这样条理就自然清楚了。

但有些人常常犯一个毛病,那就是演讲的内容杂乱无章。

有的人兴之所至,高谈阔论,说着说着就把话题扯到别的地方去了;

有的人讲话层次不清,颠三倒四,往往一个问题还没有说完,忽然又节外生枝,扯到别处去了;

有的人说话没头没脑，常常中途突然冒出一句莫名其妙的话，让人"丈二和尚摸不着头脑"。

演讲一定不能出现杂乱无章的毛病，而且这个毛病是有办法克服的。除非按预先拟好的讲稿照念，否则一般都不可能没有发挥。特别是即兴演讲，言语顺序不特别严谨，有时会插进一些题外话，有时发现已讲过的某个问题尚有遗漏还可以临时补充等，这样很容易使演讲显得杂乱。但是作为一个高明的演讲者，应时刻把演讲中心记在脑子里，这样不管怎样插话、补充，不管换了多少个话题，都不会偏离演讲的中心。

2.演讲层次的安排方法

演讲前要认真地考虑清楚，按照一定的顺序来进行。安排顺序的原则以听众是否方便为准。不要颠倒时间的次序，最好沿着时间的顺序，从过去一步一步地讲到现在，由远及近，有条不紊地叙说。千万不要一会儿讲现在，一会儿又倒叙三年前的事情；一会儿回到现在，一会儿又补充了一件五年前的事情。

安排层次要注意通篇格局，统筹安排，给人以整体感；要主次分明，详略得当，给人以稳定感；要互相照应，过渡自然，给人以匀称感。同时，演讲稿主要是用来讲给人听的，是转瞬即逝的，结构层次不能太复杂，要给人以明朗感。

演讲稿的层次排列形式可分为纵向组合结构、横向组合结构和纵横交叉结构。

（1）纵向组合结构

纵向组合结构是指按照时间的推移来排列层次，包括直叙式和递进式两种。

直叙式：直叙式，即以时间先后为序，或以事情的发生、发展或变化过程为序。这种结构层次比较单一，事情的来龙去脉很清楚。运用这种方法，要注意突出重点，兼顾一般，切忌平均用力，平铺直叙。

第三部分　把握技巧：引爆现场的气氛

递进式：递进式，即按事理展开或认识由浅入深的递进过程来安排结构层次，或按演讲者感情发展的脉络来安排层次。按事理展开，多采用"叙事—说理—结论"的模式，即摆情况，做分析，下结论，也就是提出问题，分析问题，解决问题。按照由浅入深的递进过程安排层次，其内容则呈螺旋式层层深入，由表及里。这样的安排，说理透彻，说服力强。按照演讲者感情发展的脉络来安排层次，内容起伏跌宕。

（2）横向组合结构

横向组合结构，或按事物的组成部分展开，或按空间分布展开，或按事物的性质归属关系展开。按照不同的排列展开方式，横向组合可分为简单列举式和总分并列式。

简单列举式即围绕主旨，把选取的材料逐条逐项并列排出。它们从不同角度来表现演讲中心。

总分并列式则常遵循总分思路辐射式地展开，并列的各部分按事物的逻辑关系分类安排，分别围绕主旨阐述一个问题，或说明事物的一个侧面。

采用横向组合结构，要力戒开中药铺似的罗列现象，而要注意发掘各部分材料间的必然联系，发挥整体效应。

（3）纵横交叉结构

有些内容丰富、容量较大、时间较长的演讲，常采用此种结构。它以时间顺序为主线，穿插横向组合材料，或者以横向组合为主，其间穿插纵向组合材料。先按纵向组合容易看出事物发展的全过程，先按横向组合则易于分析出事物各部分之间的联系和区别。采用这种结构，不宜搞得太复杂，否则，听众将对此难以理解。

◎入题、破题与点题

演讲的入题、破题与点题是演讲成功与否的关键。通常情况下，人们选定一个演讲题目之后，首先应当考虑的便是这个题目如何进行组织，如何尽

第16章 开场白、正文与结尾

快根据自己对题目的兴趣引发出听众同样的兴趣,如何以自己对题目的感觉和热情去点燃听众内心的感觉与热情之火,如何以自己对题目的精深理解去启迪听众沿着这一思路去思索。这些,都关乎演讲的成败,也都同解题的方式——入题、破题和点题紧密相关。"立文之道,唯字与义",演讲也同样如此,抓住了与入题、破题、点题相关的字与义,也就抓住了解题的"牛鼻子",从而取得理想的演讲效果。

1.入题要快

入题要快而毫无疑义。欲使听众尽早进入自己规定的主题,就必须重视入题的速度和方式两方面的安排。既要"开门见山,一针见血",这就是"快";又要有逻辑上的悬念、起伏和跌宕,以收到"文似看山不喜平"之效。欲达到这样的效果,应做到如下几点。

首先要开门见山,以期迅速将听众带入规定情境和思路中去。恩格斯的《在马克思墓前的讲话》,起初草稿从马克思夫人的逝世说起,进而才进入自己的题目。客观和冷静的叙述,难以将听众迅速地引领入规定情景。因此,恩格斯对此进行了认真的修改。在后来的定稿中,他采用单刀直入的入题方法,直接讲马克思停止了思想,永远睡着了,这样就迅速将听众引入沉痛和肃然的既定情境之中,比原稿那种缓慢的节奏强得多了。

其次是讲究悬念和曲折,以引起听众的关注。前面我们强调入题要快,并不是说所有入题都以开门见山的方式为佳。其实,有时候入题更需要讲求一定的曲折和委婉,尤其要讲求一点逻辑悬念,才有利于入题的引人入胜。

因此,有时候,我们不妨多用一点言辞,以悬念抓住听众心理,引起他们的注意和重视。有一篇题为《人呵,认识你自己》的演讲,主讲人给划定的题目是"人与社会和自身的关系",可是一开始,演讲者并不直接挑明这个题目,而是先援引恩格斯的话,讲了个"司芬克斯之谜"的引子:"大自然——司芬克斯向每个人和每个时代提出了问题……"继而话锋一转,

第三部分　把握技巧：引爆现场的气氛

问道："那么人类呢？人和人类社会有什么难题呢？"最后他自己答道："人类面对着的有三大难题——人生、社会和人自身。"这就是"转折式入题"，它使自己的入题显得有些跌宕，有些波澜甚至悬念，一点也不平铺直叙，自然能引起听众的关注与兴致。

再次用强烈的反差、对比来引出自己的题目，以期在人心目中留下深刻的印记。这主要指以对比、对照和映衬之类的修辞手法，来引领和导入自己的话题。

有一篇名为《论男子汉》的演讲，一开始，演讲者的话似乎跟一般的谦辞没什么两样，颇有离题之嫌。因为他一口气就洋洋洒洒叙说了四个"困难"：

我一点也不明白主办者的意图何在，这使我感到为难，这是我遇到的第一个困难。今天，我是第一次来到你们学校，一切都是陌生的。在一个陌生的环境里，人容易有一种不适应的感觉，这是我遇到的第二个困难。况且，刚才前面的几位同学又做了精彩的演讲，热烈的掌声可以作证，这给我增加了压力，算是我遇到的第三个困难。不巧得很，我本想凭手中这么一张卡片做一次演讲，却忘了戴眼镜了，想把它放在桌上偷偷地看几眼也不成了，这就是我的第四个困难。

乍一看，这开场白颇有些饶舌的味道，岂料到，那演讲者讲罢第四个困难之后，话锋突然一转，便进入自己早已拟定的题目了：

但是，我并不胆怯；相反，我充满了信心。我相信，既然我站到了这个讲台上来，我就必定能够鼓起勇气，竭尽全力，让自己体面地走下台去！因为，我选择了这样一个演讲题目——《论男子汉》！

这样，《论男子汉》特有的富有勇气之题目，便同一开始的胆怯与为难形成鲜明的对比和反差，巧妙、贴切而又风趣盎然。这样的入题，不是做到了辞明义见和曲径通幽的完美统一吗？

2.破题要准

破题要确而奇。演讲中，入题并不等于破题。两者的区别在于：入题只是引导进入设定的题目或论点的方式，而破题则是提纲挈领地进入各个论据或阐述的要点之中。这就好比说，它们两者一个是树冠，一个是树冠下的主枝。破题的意义在于，可以决定"主干"的发展方向，让听众对演讲初见端倪，有一定的心理准备。可见，破题可使听众在不知不觉中跟随演讲者的思路走，是关乎演讲成败的又一重要环节。总体来说，我们可选择以下几种方式，来做到破题的明确与奇诡或奇趣的有机结合。

首先，立一个定句并加以强调，来作为破题的"标志字符"或"标志语符"，以期引起听众的注意和重视。在《论男子汉》的演说中，作者为了论述男子汉最突出的特征——勇气，故意使用了"勇"的对立物，即一个"难"字来作为破题的标志字符。当然，这个标志字符也不是凭空而来的。且听他是如何表述的："刘晓庆说，做女人难，做一个名女人尤其难。我说，做男人难，做一个男子汉尤其难也！但男同胞们是欢迎这个'难'的，正因为其难，才富于挑战，才能显示勇气和力量，因此令人神往。"

其次，用语意的转折、对立等手法来制造"波澜"以实现破题的目的，并给人以警醒、新颖的意境和感受。前面提到过的道格拉斯在《谴责奴隶制的演说》中，入题时使用了提问的方式："为什么今天邀我在这儿发言？我和我所代表的奴隶们，同你们的国庆节有什么相干？"就是运用了这一方法破题。

再次，使用自问自答的方式来破题，以期给听众以随和而亲切、警醒又奇特的感觉。

丘吉尔在担任首相时发表的就职演说就用了两处设问来加以论述，当然也可以看作是为破题而设立的标志语了。他说：

你们问：我们的政策是什么？我要说，我们的政策……这就是我们的政策。你们问：我们的目标是什么？我可以用一个词来回答：胜利——不惜一切代价……也要赢得胜利。

当然，破题的方式还有不少，但有一个共同点，就是用尽量简约、明确的言语标志符号去吸引听众，以便他们朝自己拟定的方向去理解、接受自己阐述的内容。

3.点题要深

点题要新而深。所谓点题，即点明主旨。跟入题和破题不同的是，这里所谓的点题，主要指的是最能点明演说目的、主旨的那些话，即通常所说的"警句"、"文眼"之类，而且，这种点题的句子，其位置也可不拘一格，可前可后，也可在中间，关键是要有新意，要有底蕴，尽可能做到理性与情趣的融会贯通，给人以隽永、深刻且耐人寻味的印象。这里，提供几种点题的形式，从中我们不难得到某些有益的启迪。

（1）用感情色彩浓烈的词语来点题，以期引起听众内心的共鸣

这种共鸣的实现，也是符合演讲的第一人称语言角度的特性的。马丁·路德·金的《我有一个梦》的演说，为了点明题旨以增强感染力，就反复描述了"我梦想有一天"的情景，每个情景就是一个镜头，连续组成主观与客观融为一体的连续不断的"画面群"，不仅强烈地渲染了主题，而且也是一种颇为艺术的点题方法。

（2）使用点出主旨的警句，以期留下难以磨灭的余响和值得咀嚼的东西

警句得来并不容易，但是，如果我们注意将情感和理智融为一体，并辅以反复、倒序、排比等多种加强论证的言语力度和感染力的手段与方法，也是有可能留下警句名言的。肯尼迪总统的就职演说，开头并没多少新意，更不用说警句了。但快结束时，他连续使用了两个重复的呼告语，使那警句立即凸显了出来，不仅新意盎然，而且颇有深刻寓意，仿佛钟鼓轰鸣，余音不绝于耳——不要问你们的国家能为你们做些什么，而要问你们能为自己的国

家做些什么。不要问美国将为你们做些什么,而要问我们共同能为人类的自由做些什么。

(3)运用俗语,以期听众受到感染并乐于接受自己的观点

俗语,包括成语、民谣之类,通俗易懂,人们耳熟能详。对此,切不可视之为下里巴人而妄加轻视与贬低。如果演说时,我们对此能艺术地加以改造和利用并糅进其他修辞手段加以强化,也有可能赋予新意并铸成警句,从而给人以艺术享受与心灵震撼。

结尾:让感动余音绕梁

◎ **画龙点睛**

有不少观众在微博上吐槽说,刘德华与刘青云主演的电影《暗战》结局令他们"非常看不懂"。电影结尾:刘青云看着刘德华在车上吐血,重病发作时,就决定放弃逮捕他。他走下车子,无奈地挥了挥手,示意没有追到罪犯。可就在这时,车子突然开动了,远远离去。这一场暗战到底是谁赢了呢?刘德华是故意以自己的"重病"为掩护吗?结果只有影片中那个带着十几克拉的钻石项链的陌生女子能够解释了。

又如成龙和金喜善主演的大片《神话》,观众们一直很纳闷,金喜善为什么最后不跟着成龙走呢?明明是来世今生的同一个人,一个古代大将军和一个现代探险家的区别而已,而且他拥有了前世的记忆,放弃生命最终酿成了悲剧。拥有前世回忆的成龙只有在梦里回忆这一段凄美的爱情了,真是一个无言的结局啊。

无论是电影、电视剧,还是书,结局都决定着整个作品将给人以何种印

象。虎头蛇尾的结局能够毁掉前面所有有趣的故事情节；而一个好的结尾也能够使得平淡无奇的故事情节在瞬间升华。一个有力的结尾常使得读者在读完最后一个段落后也舍不得合上书，舍不得从座位上离开。

演说的道理也与此相同。对一场演说来说，最重要的部分就是结尾。因为结尾部分是决定演说者与他的演说将给人留下何种印象的"决定性因素"。即使你的整场演说都毫无精彩之处，一个精彩的结尾就足够让它成为一场成功的演说，这虽然有些夸张，但也不是毫无道理的。只要结尾好，整个演说就不会太差。观众能够记住最久的，也正是一场演说的结尾部分。因此，我们最好以简练的结尾给人留下可信度高的印象。

经常有人把重点放在演说的正文上，结果最后时间不够，只能慌慌张张地随意结个尾。这种情况的演说十有八九会给人留下"马马虎虎"的印象。

请牢记，最重要的是要有一个明确的、给人印象深刻的结尾。先总结一下整场演说的核心内容，然后对一直倾听演说的听众表示感谢，最后对听众加以激励，按照这样的结构就足以完成一个好的结尾了。那么，要想使结束语出色而精彩，都有哪些可以参照的方法呢？

◎留下一句标志性的话

试着提出一句与自己演说的主旨大意相符的格言，短的口号，或者感性的引用句。一句有力的标志性的话，能够使得演说余音绕梁，并且有助于让听众在更长的时间内记住这场演说。为了能够更加顺利地找到这样一句话，可以制作一个自己的"引用手册"。如果不能在既存的名句中找到一句这样的话，也可以自己创造一个。只要这句话里包含着热情与真心，就足以打动听众。

◎传递积极的信息

在结尾的时候，最好向听众传输充满希望的、积极的信息或灵感。无论你演讲的主题是什么，在最后一定要给予听众对生活的期望，传递乐观与鼓励的信息。

第16章 开场白、正文与结尾

在公众演说或是演讲报告中，"非常感谢您的出席"是最常见的结束语。但是这样的结束语并不是最理想的。演讲者说这句话的初衷是为了表示谦恭与感谢，但是实际的效果是，让人感到自己被迫听了一场无聊的演讲。更好的说法是"各位能够来听我的演讲，我非常高兴，谢谢各位"。这种表达所传达的意思就是，这场演讲对讲师和听众都非常有帮助，是一次非常难得的机会。

鼓励人们做出行动以促使发生好的改变也是比较有效的方法。例如，如果做与顾客服务相关的演讲，就要通过激励性的话来诱导人们的工作热情与行动。例如，"现在各位回到办公室后，第一件要做的事情，就是给顾客打一个电话"。

◎ 反复强调

将中心思想反复进行强调也是一个有效的技巧。我们只需要想想填鸭式教育，就能知道为什么这是一个有效的方法。但是，一定要避免"一定要记住的是××"、"今天的核心思想就是××"、"只要记住××就可以了"等太过直接的表述方式。

我们需要学会用更加丰富多彩的表现形式来强调同一个核心思想的技巧。"今天我只想告诉大家一点，那就是××。""如果各位要参加我的下场演讲，请每个人都对××进行思考并说说您的看法，非常期待大家的新观点"……这样的表达既强调了中心思想，又鼓励了大家的行动，同时也表达了自己的情感，不失为一种好的结束语。

◎ 在结束时引导听众共同参与

如果在结尾时没有提倡听众去做明确的、具体的行动，那么笼统地让听众都参与到演说中所提倡的做法中来也不失为一种好的方法。

"这些对您有帮助吗？""各位有没有从以上内容中获得对明天早会讲话内容的提示？""那么各位有没有从以上内容中得到一两点可以立即应用

的启示呢？"……通过类似这样的语句结尾也是不错的选择。

在提出问题后，一定要停顿几秒，给听众思考答案的时间。即使没有人回答也没有关系。等待几秒之后，可以微微一笑："那么，请各位一定要至少尝试一次。"

◎ **演讲结尾的几种方法**

1.用热情洋溢的话做结尾

一个充满激情的演讲者，总是试图让听众的情绪激动起伏。结尾时运用一些情感激昂，富有鼓动性、号召性的良言激语，注重以巨大的情感力量，把听众的情绪推到最高的浪峰上，使他们振奋起来，跃跃欲试，进一步激起听众的情绪、信念，鼓起干劲，促进行动。古今中外的演讲家大都善于运用这种方法收场。

例如，周总理的《在亚非会议全体会议上的补充发言》：

十六万万亚非人民期待着我们的会议的成功。全世界愿意和平的国家和人民期待着我们的会议能为扩大和平区域和建立集体和平有所贡献。让我们亚非国家团结起来，为亚非会议的成功而努力吧！

这种结尾多是提希望，发号召，表决心，立誓言，祝喜庆，贺成就，以激起听众感情的波涛，给人以心志的激励。

例如，古希腊著名演说家德摩西尼发表的《斥腓力演说》是这样结尾的：

敌人正在对我们铺罗设网，四面合围，而我们却还待坐着不求应付。同胞们，我们究竟要到什么时候才能采取行动？趁雅典的航船尚未覆灭之时，船上的人无论大小都应该动手救亡。一旦巨浪翻上船舷，那就一切都会同归于尽……即使所有民族同意忍受奴役，就在那个时候我们也要为自己而战斗。演讲的灵魂就是行动！行动！再行动！

这个结尾慷慨陈词，号召人们拔剑奋起，反抗马其顿王腓力二世的入侵。

抒情式结尾常常是演讲者在叙述典型事例和生动事理后，油然而生的激

第16章 开场白、正文与结尾

情。以抒情方式结尾,言尽而意未尽,留有余韵,给人启迪。

例如,郭沫若的《科学的春天》的结尾:

春分刚刚过去,清明即将到来。"日出江花红胜火,春来江水绿如蓝。"这是革命的春天,这是人民的春天,这是科学的春天!让我们张开双臂,热烈地拥抱这个春天吧!

这样结尾,热情奔放,以诗一般的抒情语言激励人们向科学进军,拥抱科学的春天,具有很强的鼓动力。

2.用幽默结束演讲

精彩的结尾能使整个演讲的内涵和风采骤然升格。而巧妙地运用幽默更能使人体会到十足的美感,给人留下深刻的印象。

一次,"戴维斯杯"网球赛结束后,云南省体委在昆明滇池湖畔的国家体育训练基地为印度尼西亚队饯行。印度尼西亚队输给了中国队,队员们的情绪都不高。该队领队在致辞时说:

尽管我们尽了最大的努力,但由于气候不适应等原因,我们队伍的技术没有很好地发挥出来,遗憾地输了球。但对东道主中国队来说,我们无疑是最好的客人。今天我在这里祝贺贵队取得优良成绩,就是最好的证明。

不过,来日方长。如果我们下次再来做客时,不能成为你们最好的客人,也请尊敬的主人不要见怪。

不卑不亢,礼貌而幽默,领队的答词尤其是那绝妙的结尾堪称精妙绝伦,称为"豹尾",一点也不过分。

幽默风趣的结尾,是整个演讲幽默的升华,也是你全部玩笑机智的总爆发。它能将演讲人徐徐道来的真理印章般打在听众心坎上,使隽永的意蕴久久回荡。

哈佛大学演讲大师乔治·威廉说过:"当你说再见时,要使他们脸上带着笑容。"通常,笑容等于成功。当你的演讲简短、有力、切题,并且由于充满了迷人的幽默感而显得很生动活泼时,听众才会有意犹未尽之感。而意

第三部分 把握技巧：引爆现场的气氛

犹未尽是出色演讲美妙的结尾的极致。

特别是演讲场合是宴会或其他联谊性的餐会，而演讲又被安排在活动快结束的时候举行时，那么，高度戏剧性的结尾、幽默的结束语能让人精神得到清新的鼓舞，同时使你的演讲最终熠熠生辉，余味长存。

一般成功的演讲整体追求真理的启迪、感情的激发、艺术的感染、行动的导引等效果。隽永是其格调上的体现。它通过以温和的幽默力量来述说一个事实，或表达一句妙语，或向听众道声祝福来生成，每每唤起听众会心一笑。

3.引用诗文结尾

通过引用谚语、成语、格言、警句、诗词等方式结尾，言简意明，多有韵律，能使内容显得充实丰满，具有哲理性和启发性。

如果你能引用适当的诗文名句来结尾，既可使演说优美、动听，又可获得所希望的气氛。

例如，英国扶轮社的哈利罗德爵士，在爱丁堡大会上，是这样结束演讲的：

当你们回家之后，有些人会寄一张明信片来给我。就是你们不寄给我，我也要寄给你们每位一张，而且你们会很容易知道是我寄的，因为上面未贴邮票（众笑）。在上面，我要写一些字，是这样写着的：

季节自己来，季节又自己去。

你知道，世间一切都依时而凋谢。

但有一件却永远像露水一般绽放鲜艳，

那就是我对你们的仁慈和热爱。

这段诗正适合他全篇演讲的旨意，因此这段诗就用得非常恰当。

马丁·路德·金在历史性的《我有一个梦想》的演讲中，用一位年老的精神领袖的祈祷来作为结尾：

终于自由了，终于自由了，感谢万能的主，我们终于自由了。

借用名人名言作结束语，能产生"权威效应"和"名人效应"。一般来

第16章 开场白、正文与结尾

讲,人们对名人权威有一种崇拜心理,借用他们的话可以给演讲的内容提供有力的证明,还可以把演讲推向一个高潮。

4.照应开头式结尾

与开头意愿重合但又在意境上高出开头的结尾形式,称为回应开头式。

1960年,非洲加纳共和国成立,恩克鲁玛被选为总统兼总理。他立志向中国学习,走独立自主的社会主义道路。1964年元月,他邀请周总理访问加纳。周总理到达后,他摆下国宴,盛情款待,并做了热情洋溢的致辞。演讲中,他一开始就表达了热烈欢迎的心情,然后,回顾了自己1961年对中国的访问,高度赞扬了中国人民、毛泽东主席及其战友们的丰功伟绩和两国之间建立的友谊,表明了他反帝、反殖、建立永久和平以及坚决拥护"五项基本原则"的态度。最后,他说:

"尊敬的周恩来总理,让我们再一次对你和你的随行人员来到加纳,表示十分热烈的欢迎。我希望你们在这里的逗留期间感到高兴和愉快。现在,诸位阁下,亲爱的朋友们,请大家同我一道站起来,为中国领导人和人民,为毛泽东主席,也为你——周恩来总理在贵国革命中所发挥的作用干杯!中国和加纳的友谊万岁!非洲统一万岁!和平和各国的友谊万岁!"

这种结尾与开头呼应,使整篇演讲首尾呼应,结构完整。

值得注意的是,使用呼应式的结尾,不应与开头简单地重复,而应加深主旨,耐人寻味。

从不同的角度来谈结尾,样式还有很多,如议论式结尾、象征式结尾、呼告式结尾、幽默诙谐式结尾、示物式结尾等。总之,结尾要有一定的高度,如异峰突起,要韵味深刻,使听众情绪激动振奋,切忌虎头蛇尾或画蛇添足,努力避免陈词俗套和语言干瘪。

◎ **结束语禁忌**

"我想我已经啰唆得够多了。"或"我不知道自己是不是把这个问题讲

第三部分 把握技巧：引爆现场的气氛

清楚了。"或"我通常并没有这么兴奋，也许是因为咖啡的缘故。"这样的结束语足以毁掉整个演讲。

演讲结束语也有以下几大忌讳。

1.拖泥带水、画蛇添足

有的演讲者已经把应讲的东西全讲完了，可是又讲了一些与主题无关或关系不大的话，这无异于节外生枝，是最令听众反感的。它不但搞乱了听众的思路，破坏了听众的情绪，而且也易冲淡前面所讲的内容。演讲者必须下狠心，把那些与主题无关的话从结尾中清除出去，当断则断，当止则止，绝不要画蛇添足。有一句格言说得好：没有结束语的结尾平淡无力，可是没完没了的结尾则是令人害怕的，因为它拖延时间，使听众遭罪。演讲者要善于用最精确最概括而又富于哲理的语言结束演讲，才是最有力的。

2.草草收场，敷衍了事

如同忘了停止的那种演说者，突然结束的演说者的做法正好相反。听众席里的人们坐在那里，正津津有味地听着讲话，随后突然之间演说人说了声"谢谢"，讲座戛然而止，事先一点招呼也没有打。演说者没有留给听众任何线索，表明演讲临近结束，眼睁睁错失了给听众一个强有力的结尾的大好机会。

3.故作谦虚，言不由衷

哦，你们总算能松口气，知道我就要讲完了。对不起呀，我讲了这么长时间，我看得出你们也许过去听了很多这种讲话了。说实话，今天晚上我本不想讲的，比我讲得好的人有的是呀，不过不管怎样，多多关照啦。

有些演讲者做完演讲，总要说上几句表示谦虚或者道歉的话，甚至有的演讲者由于某些听众在演讲中不太注意听，演讲完了，还要说上几句旁敲侧击的讽刺话。这样做不仅多余，更表现了演讲者思想水平的低下。每个演讲者必须端正态度，去掉陈言俗套。

4.承认错误

例如:"在结束讲话时我要说……哦,我忽然想起来,我讲话一开始就准备说的一件事,却全然忘掉,这就是……"

正当听众内心"放松下来"时,演讲者却突然提起另一关键论点。如果你的讲话计划得当、准备充分,这样一种疏忽是不该发生的。也许我们是打算说一些事情的,但是没有说,不过我们的听众是不可能知道这个的。我们的结束语不应不合时宜地提出另一个论点,当然也不可以随便提及什么"哦,有件事情我忘了提一提,这就是……"如果在你快要结束讲话时你又希望提出某一论点,那也应自然地夹杂在你的讲话里,别提醒人家注意你真的忘了应该早一点在讲话中提到的什么事情。

不要在结束语中采用与演讲的其他部分不相协调的口吻或风格。如果你让听众在整个演讲过程中一直笑个不停,而在结尾时突然使用沉重消极的语言,会使听众觉得大煞风景。

不要在演讲过程的任何地方使用"总而言之"、"概括地讲"等语句,除非演讲真的要结束了。因为这样会使一部分听众以为讲话已经结束而分散注意力,结果却发现演讲还在继续。

第17章　演讲也讲究"一见钟情"

让人一见钟情吧

心理学家丹尼尔·卡内曼说:"左右成功最为决定性的条件不是智商或者学历、运气,而是'魅力'。"在前面的章节中,我们对如何在说服交流中展开内容陈述进行了讨论,而在本章节中,我们将对如何通过外表,即非语言性因素的表达,在展开交流内容时提高说服能力这一问题展开讨论。魅力有着像磁铁一样吸引人的属性。当你遇到某一个人的时候,瞬间有一道闪光划过脑海,这种感觉就是魅力。

我们经常说"打眼一看就知道",果真如此吗?这种说法一半是真,一半是假。准确的说法应该是"打眼一看就觉得我知道"。

根据心理学家们的研究,在遇到某个人的时候,决定第一印象的时间在三秒到三分钟之间。正如这句话说的"打眼一看"就对对方进行了判断。第一印象三秒法则就是来源于此。

第17章　演讲也讲究"一见钟情"

那么第一印象是如何形成的呢？根据身体语言领域的权威专家艾伯特·梅拉宾教授的理论，决定第一印象的因素有：视觉因素（外貌、身体语言等）占55%，听觉因素（嗓音、语调、音色、音调、语速等）占38%。而实际谈话内容所占的比重只有7%。换句话说，外貌与声音、态度对第一印象起着非常重要的作用。

当然第一印象并不是全部。在跟某人实际接触以后，发现这个人与第一印象之间存在着180度反差的例子屡见不鲜。但还有一个我们不能忘记的事实是：第一印象可以非常持久。一般要改变第一印象需要40个小时之多。认知心理学用大脑的信息处理方法来对此进行解释。第一印象形成过程中最重要的是视觉，这种视觉并不经过调节理性的大脑皮层，而是直接转达给掌管情绪的扁桃体，所以在有意识地进行思考之前已经无意识地形成了瞬间的第一印象。

在第一印象形成之后，交流的内容就会有在第一印象的框架内进行的选择。心理学中将其称为"首因效应（Primacy Effect）"，即人们一开始接收的信息比后来接收的信息影响力更大。同时人类的大脑最开始接收的信息便成为一种标准，对后来的持续判断造成影响，我们也将其称为"下碇效果"，即第一印象将来会持续对这个人的判断造成影响。

在演说中也要铭记"首因效果"与"下碇效果"。走上讲台在与人们交换视线的刹那，人们心中对你就有了一个印象。此时获得人们的好感与信任是演说成功的第一个纽扣。那——我们从现在开始一起研究一下能够增加你印象魅力值的非语言性秘诀吧。

微笑会给人好感

"你欢笑，这世界陪你一起欢笑"。如果将演说、报告的形象策划

第三部分　把握技巧：引爆现场的气氛

课程内容总结为一句话的话，电影《老男孩》中出现的19世纪美国女诗人埃拉·惠勒·威尔科克斯的诗歌《孤独》中的第一句话是最合适不过的了。

无论面貌美丑，绽放微笑的脸庞都更容易带来好感，就像这世界上没有谁会看到婴儿纯净的笑容而心情不好的道理是一样的，美国前总统克林顿就以其给人好感的笑容而闻名。在其与白宫女实习生传出性丑闻后还能再次成功当选总统，许多人认为是他价值百万的笑容与礼节起到了巨大的作用。

与笔者曾经有过几次共事经历的电视广播界的女前辈A女士，从不主动向对自己没有帮助的人打招呼，即便有人主动跟她打招呼，她也经常视而不见。站在摄像机前面时——没有人比她更和蔼，但摄像机一关，她就会立刻变成一副冰冷的面孔，之前和蔼的样子消失不见。A女士也最终成为业界最不愿与之共事的人。

和A女士差不多同时进入电视广播行业的B先生，却是与之完全相反。他无论何时、何地、遇见何人，都会满脸微笑地、亲切地与人打招呼，就像见到了10年未见的老朋友。不知道是不是这个原因，B先生的行程表上总是密密麻麻地写满了要约见的人，现在已成为无比出色的电视广播人而活跃在舞台上。

美国密歇根大学心理学教授詹姆斯·麦康奈尔博士的主张，通过上面的例子得到了很好的说明。

"懂得微笑的人无论是从事企业的经营管理，还是在学校，或是做销售都能取得更好的成绩，并且也能使自己的孩子更加幸福地成长。"

稍微跑题了。总之，站在讲台上的时候也需要明亮的面貌和欢乐的微笑。用中国的俗语来说就是"无笑不成商"，而此处不妨将这句话稍微改一下，改成："无笑不成演说"。

第17章 演讲也讲究"一见钟情"

你是在真心地微笑吗

演说开始以后，给大家一个良好印象的表情是非常重要的。正如前面的例子所强调的那样，最好的"表情代码"就是明亮微笑的脸。

但，即使都是微笑，也不能等同视之。微笑分为两种：一种是真正的微笑，一种是虚伪的微笑。

19世纪法国生理学家杜兴通过用电流刺激面部肌肉的实验发现，当一个人发自内心地微笑时，嘴角与两颊同时上翘，眼角周围的肌肉收缩；相反的，只是因为需要而做出的"战略性"假笑只牵动颧骨附近的肌肉，使嘴唇向上翘。后来人们用杜兴的名字将发自内心的真正的微笑命名为"杜兴微笑"，能够引起人们好感的微笑也正是"杜兴微笑"。

与"杜兴微笑"相反的是假笑，即战略性微笑，这种皮笑肉不笑的情况在选美大赛中非常常见。虽然所有的候选佳丽们都在尽力地微笑，但实际上所有人都可以看得出来，她们一点都没有笑。这种微笑给人虚伪的感觉，并造成了距离感。

把你的手机拿出来。大部分的手机摄像头上都设置了自拍的功能，看着相机画面，试着欢乐地微笑吧。怎么样？"杜兴微笑"是不是不容易做出来？"杜兴微笑"最基本的前提条件是真心。只有在积极的心态与价值观的支撑下才会有自然的"杜兴微笑"。

根据印象学理论，制造出人类面部表情的肌肉多达80块。其中，做出积极表情所使用的肌肉有17块，做出消极表情的肌肉有43块，也就是说，消极表情的肌肉比积极表情的肌肉更为发达。所以为了自然地做出好的表情需要付出更多的努力。

积极心理学的专家、美国的宾夕法尼亚大学心理学教授马丁·塞利格曼认为只要通过学习，无论周围的状况如何，都能获得将悲观的思考转换为乐观的思考的能力。平时如果多进行"精神控制（Mind Control）"的训练的话，即使在突发状况中也能镇定自若地做出"杜兴微笑"。

激励大师博恩·崔西曾经谈到："如果不刻意在心灵的庭园中种植花朵，庭园中就会自发地长出许多杂草"。只有在平时的生活中将高兴、愉悦、幸福等积极的情绪填满心田，愤怒、抑郁、悲伤、挫折等消极的情绪才不会乘虚而入。

这些观点让我想起林肯的一句话——"人到40岁以后应该对自己的长相负责"。不要忘记，我们虽然对天生的长相无能为力，但是表情是完全可以改变的。

演讲时得体的微笑

微笑是一种良性的脸部表情，反映出一个人的内心世界，是自信的标志、礼貌的象征、涵养的外化、情感的体现。在演讲中可以象征性格开朗与温和，可以建立融洽气氛，消除听众抵触情绪，可激发感情，缓解矛盾。曾在世界上规模最大的美国哈佛大学担任校长30年之久的叶洛特博士说："微笑是人际交往成功的催化剂。"

下列场合可运用微笑技法。

（1）表达赞美、歌颂等感情色彩时应微笑。此时要博得别人笑，自己首先要笑。

（2）上台与下台时应微笑。这样可拉近与听众的距离，把良好的形象留在听众心中。

（3）面对听众提问时送上一缕微笑是无声的赞美与鼓励。

（4）肯定或否定听众的一些言行时，可以配合着点头或摇头，面带微笑。

（5）面对喧闹的听众，可略停顿，面带微笑是一种含蓄的批评与指责。

（6）表达一些与微笑不相悖的情感时可微笑。法国作家阿诺·葛拉索说："笑是没有副作用的镇定剂！"

当然，演讲中不能从头到尾一味微笑，否则会让人觉得你带了一个假面具上台演讲，没有感情。尤其是不该笑的感情表达时更不能笑。例如下段演讲：

"不是有人在坐车不畅时埋怨他们'乱哄哄，路不通，车不动'吗？不是有些漂亮的姑娘品评他们是'多一个脑袋的电线杆'吗？不是有人谩骂他们秉公处罚是自己给自己发奖金吗？更不是有人丧尽天良将车轮辗向我们这些可敬可爱的马路卫士吗？"

下列情况需注意：

表达悲痛、思考、痛苦、愤怒、失望、讨厌、懊悔、批评、争论等负面情绪时不能微笑。

你已完全放开，不觉紧张，没有必要运用微笑来控制情绪、松弛神经时可不要微笑。

另外，演讲中的笑要随内容感情变化而变化：有兴奋喜悦的笑，有冷嘲热讽的笑。演讲中既要注意用自己的"笑容"去表达内容，感染听众，也要保证笑的价值，该笑则笑，不该笑则止。

衣服是翅膀，姿态是名片

印象的要素中，衣着与姿态也是不可或缺的。

对方在你尚未开口之前，就已经对你的许多方面有了自己的判断。你想要表达的东西首先可以从你的着装中看出来。如果你给对方展示了你独一无二的风格，你可以成为一个在个性上得到满分的人。外貌虽然不能成为绝对的价值标准，但由于其决定第一印象的巨大作用，所以这是一定要花心思的部分。借用演说界的一句话来说就是"外貌或者成就一个演说，或者毁掉一个演说"，我们对此应该铭记于心。

但是最近，随着已故的史蒂夫·乔布斯的演说风格流行化，有一些人甚至对乔布斯演说时的穿着也进行模仿。他们穿着高领毛衣与牛仔裤等随便的衣服登台演说，认为"演说只要内容好就可以了"。但是请记住，你并不是史蒂夫·乔布斯！史蒂夫·乔布斯作为苹果的CEO，由于他的领导气质，穿着休闲类的服装反而有利于其拉近与听众之间的距离。

一般而言，演说者的衣着应该总是表现出专业的精神。应该与听众、演说主题、场所等相搭配，并给人以端庄的印象。演说人的着装与饰品不应该分散人们的注意力——或是妨碍信息的传达。

人们对于在正式场合穿着随意的人没有什么好感。一般来说，这样会给人一种不尊重对方的感觉。对于在公众演说中的衣着，崔西的建议值得我们注意，"演说者的穿着无论何时都应该和人们的水平相一致或是比人们穿得更为干练。演说者对人们来说应该总是表现得非常专业。"

那么我们究竟应该怎样穿才会看起来更为专业呢？

看起来有激情的穿衣窍门

演说者为男性时，穿商务正装是基本的要求。

第17章 演讲也讲究"一见钟情"

首先，穿着上下身颜色与材质都统一的套装比较好。系上衣纽扣的原则是，有2颗纽扣的时候应该系上面的1颗，有3颗纽扣的时候应该系上面的2颗。正式衬衫应该以白色为主，避免穿着颜色过于鲜艳的衬衫。另外，衬衫的袖子比上衣的袖子长1~1.5厘米，这样看起来会比较端正。

男性服装中最为突出的饰品是领带，我们可以从领带中看出这个人的个性与其所追求的形象。领带与衬衫和套装的颜色、质感是否协调比领带的花纹更为重要。领带的长度以稍微碰触到裤腰带为宜。袜子应该与套装一样，以黑色为主，皮鞋也是如此。

如果演说者为女性，正装裙装是基本的要求，如果想要强调活泼的形象穿正装裤装也是不错的选择。颜色应该以灰色、海军蓝、驼色、黑色为主，从头到脚的颜色不得超过3种，这样才能给人以安定感。无论是怎样的场合都应该避免穿着细节过于华丽的衣服，或佩戴过多的饰品。

如果想表现知性的、都市的气氛，可以使用黑色、灰色等深色调的上衣来搭配白色的衬衫，这种强烈的对比可以同时赋予人们信任与高级的感觉。如果想表现充满活力的、明快的形象，那么给人温暖、明亮感觉的黄色系套装会比较合适。

皮鞋的话，可以穿高度为5~7厘米的黑色皮鞋。绝对禁止裸露出自己的腿部。咖啡色的丝袜是最为合适的。

如果想成为一个拥有良好形象的时尚人士，平时就应该培养自己挑选衣服的眼光并搭配出自己独有的风格。另外，应该根据时间、场所、情况的不同穿着不同的衣服。"衣服是翅膀"这句话是没错的。但这句话并不是指必须得穿质量上乘、价格昂贵的衣服。

穿着有品位的、与当时的气氛相得益彰的衣服会使得演说更加熠熠生辉。根据衣服的不同每个人的形象也会产生变化。但并不是说必须得穿着最新流行的款式或是名牌，相反，找出适合自己的颜色与风格的衣服更为重要。

第三部分 把握技巧：引爆现场的气氛

其次，如果姿态摇晃的话，那么演说也会跟着"摇晃"，请记住这一点，并且经常注意提醒自己。

演说者不安的感觉会原封不动地传达给听众。听众甚至会因为替演说者担心演说的内容会不会跑题，演说者会不会有什么失误等而紧张。虽然没有人会说出口，但是所有人的内心都会像走钢丝过河一般，非常忐忑。

挺拔的、理直气壮的姿态能够集中人们的视线，并给人以专业与信任的感觉。与人们进行一对一的视线接触，挺起胸膛，加入自然的手势，这样做的话，演说就会给人安定感。

最后，走路与站立的姿态也可以成为一种语言。身体应该笔直挺立，视线应该正如与听众们进行对话一样，随意地朝向听众。你外表的姿态可以成为你内心姿态的象征。感情安定、内心坚定的状态可以制造出笔直的姿态。在理直气壮的姿态下产生的领导气质会非常柔和美丽。

《如流逝的江水》的作者保罗·科埃略谈到关于姿态与理直气壮的相互关系时，如此说：

"我偶尔会意识到我正以微驼的姿势坐着或者站着。这就表示某些事情进行得不顺利。每当这种时候，我在试图找到这些令人不便的原因之前都会努力采取一个有气度的姿态。仅仅是矫正了姿态这一简单的动作也会令我对正在做的事情感到自信"。

◎ **女性演说者的个人形象小贴士**

服装：对于偏好女性化形象的行业来说，选择裙装西服。对于偏好活泼、干练的形象的行业来说，选择裤装西服更加适宜。

线条：简洁的线条能够使正装显得更加干练。

颜色：为了营造干练、冷静的职业形象，可以选用深灰色或黑色。若想营造出信赖感，可以选择米色或棕色系。

衬衣：不过度显露身体线条的白色衬衣，给人以端庄、干练的感觉。亮

第17章 演讲也讲究"一见钟情"

色的衬衣可以自然地将他人的视线转移到你的脸部。

鞋子：正式的、5~7厘米高的鞋子就很适合。即使不是新鞋子，也必须擦得很干净，并在穿鞋之前仔细检查。鞋子的颜色如果与上装相搭配，会显得很有品位，若与下装颜色相搭配，就会显得人又高又苗条。

配饰：手袋应选择有助于职业形象塑造的挎肩包。不要有其他装饰，线条简洁为佳。选择颜色时，黑色、棕色都是非常安全，不会出错的选择。

◎ **男性演说者的个人形象小贴士**

服装：适宜选用端庄的正装西服。带有花纹的衬衫容易提升人们视觉上的疲劳感，因此应尽量选择没有花纹的白衬衫。

颜色：黑色的正装容易将气氛变得过于沉重。因此选择没有花纹的蓝色正装最为保险。若想稍微显露个性，灰色调的正装也是不错的选择。

在看过无数登台发言的男性演说者之后，我认为男性正装的其中一个重点就是领带。就像曾经非常流行的广告词"成功的男人佩戴蓝色领带"一样，蓝色的领带是最为保险的选择。许多政治人物想表达出干练的感觉，并想给人以深刻的印象时，喜欢选用红色领带，但是总体来说，基本色系的领带仍然是最为普遍的选择。

鞋子：皮鞋要一尘不染，并且没有破损。虽然黑色的皮鞋是一个保险的选择，但是深褐色的皮鞋若能与服装的颜色相匹配，那么就会成为更好的选择。

配饰：不采用任何配饰，或是戴一块个头不大的手表就非常适合了。

◎ **演讲服饰的配色方法**

不同的色彩能使人们产生不同的联想，产生不同的心理感受。在现实生活中，衣饰色彩的选择一般是由人自身的性格气质、生活经历、经济基础、爱好兴趣决定的，没必要刻意地要求与规定。但演讲中演讲者就要考虑根据演讲的内容、演讲的环境、演讲的时空等诸多因素来进行衣着、饰物方面的颜色搭配。

首先要了解颜色本身的含义。

白色是纯真、洁净的象征，也能给人以恐怖、神圣的感觉。

黑色是严肃、悲哀的象征，也能给人以文雅、庄重的感觉。

紫色是高贵、威严的象征，也能给人以恬静、新鲜的感觉。

红色是热情、喜庆的象征，也能给人以焦躁、危险的感觉。

蓝色是智慧、宁静的象征，也能给人以寒冷、冷淡的感觉。

演讲时不宜以单色调打扮，而是在单一基色调基础上求得变化。配色时不要太杂，一般不超过三个颜色，另外不要用同比例搭配。服装配色的方法有：亲近色调和法与对比色调和法。

亲近色调和法，即将颜色相似但深浅浓淡不同的颜色组合在一起，这是一种常用的、比较安全的配色方法。比如，深蓝色与浅蓝色，黄色与橙黄色，水蓝色与烟灰色等。

对比色调和法，即以一色衬托另一色，互相陪衬，相映成趣。例如，黄色配紫色，樱桃色配天蓝色，黄绿色配红紫色。

常用的理想配色是：

绿色配黄色，中灰配褐色；

红色配淡褐，深红配浅蓝色；

深蓝配灰色，土红配天蓝色；

棕色配橄榄色，宝蓝配鲜绿色；

炭灰配浅灰色，粉红配亮绿色；

金黄配朱红色，玫瑰配深红色；

栗色配绿色，橙色配淡紫色；

黄色配棕色，淡蓝配浅紫色；

草绿配猩红色，紫色配黄、橙色；

海蓝配朱砂色，宝蓝配鲜绿色；

中棕配中蓝色，酒红配黄红色；

原色组合（红色、黄色、蓝色）；

黑白相间（黑、白两色被称为"救命色"，几乎可与任何颜色相配）。

另外，还要强调的一点是，演讲者的衣物配色要考虑到演讲场地的灯光颜色。在灯光下，所有的颜色都会带上若干黄色色调。白色看起来几乎变为黄色，黄色变成橙黄色，浅蓝色变绿色，深蓝色变黑色，紫罗兰变红色，鲜绿色变得暗淡……所以，如果演讲是在晚间进行，选择衣物时最好是在灯光下配色。

◎ **演讲时选择合适的鞋**

在演讲者的穿着中，什么对自身的情绪影响最大？衣服、裙子、裤子、帽子……都不是。心理学家哈默生曾做过研究，鞋子对情绪的影响最大。穿一双陈旧的软底的鞋子会让演讲者感到精神委靡，加深沮丧的情绪。而当你换上一双擦得油光发亮的皮鞋，迈着大步上台演讲时，你将会信心百倍，雄赳赳，气昂昂。

选择鞋子不宜只追求式样的摩登新潮，要适合自己的脚型与体型，还要考虑到整体的协调与演讲内容的限制。

脚型大的演讲者不宜穿白色的鞋子，白色有一种膨胀感，灯光一照更是显眼。

身材矮小型的女性不宜穿很高的高跟鞋。

细高跟的凉鞋以白色为最好，白色与夏天服饰最易搭配。

演讲时以穿皮鞋最为常见，无论是男士穿西装、夹克，还是女士穿裙子、休闲服都可穿皮鞋。演讲者穿皮鞋上场显得端庄、高雅、大方。穿皮鞋要注意与衣着颜色相配，要保证皮鞋的清亮。除了女士有些特制的皮鞋外，最好不要穿钉有铁掌的皮鞋，以免上场时有刺激声而影响听众的情绪。女士选用皮鞋跟不要太高，因为太高不利于运气发声。

第三部分 把握技巧：引爆现场的气氛

选用鞋子时还要注意袜子的搭配。穿裙子宜穿长筒裤袜和连衣裙袜并穿皮鞋。裤袜的色泽一般选用与肤色相同或稍淡些的。

◎ 用着装消除紧张的方法

心情紧张时，不应使自己从头到脚都焕然一新，这样反而会使自己处于孤立无助的境地。道理很简单：当人对身边的环境越是生疏和不适应时，这个环境就越像一道壁垒将你排挤在外。用心理学术语来说，就是心理环境外在陌生状态。而这种状态会不分对象地使人陷入孤独和不安之中。

演讲时演讲者选用八成新的衣物，选用自己过去感觉最得体、最大方、最可心的衣物较佳，不一定要选用崭新的衣服、鞋子、饰物等。刚穿上崭新的衣物，会有一种不适应的感觉，浑身不自在。

人都有一种恋旧心理，对一些习惯的适应有一种自然感。所谓"习惯成自然"。

演讲时，还可以在身上带一些平时很熟悉很喜爱的小物品、小饰物，如手帕、铅笔、橡皮等，带着它们等于把你日常生活环境中已经熟悉了的那部分带到了演讲场合。这些反映着你生活经历的东西作为"另一个自我"跟在你的身边，就会给紧张氛围带来一丝亲切的凉意。它将成为你心理上的依附，使你感觉不再孤单，从而勇敢地走向演讲台，泰然自若地开始你的演讲。

演说姿势的检查重点

站在许多人面前讲话，感到紧张是很正常的事情。特别是手和脚容易泄露出紧张的感觉，所以将身体放松，便可使演说变得更加自然。立正站好，微微收住小腹便可展现出良好的姿态。在发表演说以前，应当按照后背—眼睛—手—脚的顺序，对姿势进行自我检查。

后背：不要驼背，尽量站直。

眼睛：以稳定的视线凝视听众。若是眼睛四处乱转或是看着下面，会极大地降低听众的信赖感。此外，一直盯着幻灯片也是一种需要绝对禁止的做法。

手：放松地放到身体两侧。紧张的时候手便容易颤抖，从而造成全身的僵硬。在进行动作时，只移动腰部以上的部位，看起来便非常自信。

脚：以45度左右的角度分开站好即可，将重心平均分配于两脚之间。若是一只脚承担了过多的重量，那么身体姿势就会倾斜，姿势就会走样。

站姿是最佳姿势

赛事演讲由于受到评分标准的约束，要把有声语言与非有声语言全面展示出来。因此演讲者一般是站着进行的，且演讲者身前身后没有任何依靠性物体。人们对此似乎无可非议。可一些非赛事演讲，如政治演讲、学术演讲、法律演讲、集会演讲、广播电视演讲则往往采用坐式进行。有些演讲者一杯茶、一支烟、嘻嘻哈哈、腾云驾雾、胡扯乱搅。人们对此似乎习以为常了。

外国领导的演讲以站着的为多，无论是年轻气盛的奥巴马，还是温文尔雅的卡梅伦。再看看联合国秘书长的发言，奥运会主席的致辞，外交部长的陈述等都是采取站姿。

站着演讲有很多好处。

（1）朝气蓬勃，精神焕发，表现出对演讲的极大热情，对听众的高度负责，会得到听众的喜爱。

（2）可以保证共鸣腔的畅通，有利于发声。再者，有利于动作姿态的表达，服饰打扮的展现。

（3）可以迫使演讲精短些，因为时间太长了，站着会不舒服。

演讲时一般采用站姿。高尔基在赞扬列宁的演讲时说："他的演讲和谐、完整、明快、强劲，他站在讲台上的整个形象——简直就是一件古典艺术品，什么都有，然而没有丝毫多余，没有任何装饰。"

演讲家的经验告诉我们：演讲最好采取站式。演讲者的站姿规范如下：

挺胸，收腹，精神饱满，气下沉。

两肩放松，重心主要支撑于脚掌脚弓上。

脊椎、后背挺直，胸略向前上方挺起。

腿应绷直，稳定重心位置。

演讲站姿有以下几种。

自然式：两脚自然分开，平行相距与肩同宽，约20厘米为宜。

前进式：前进式是演讲者用得最多、使用最灵活的一种站姿。右脚在前，左脚在后，前脚脚尖指向正前方或稍向外侧斜，两脚延长线的夹角在45度左右，脚跟距离在15厘米左右。

这种姿势重心没有固定，可以随着上身前倾与后移的变化而分别定在前脚跟与后脚上，不会因时间长身体无变化而不美观。另外，前进式能使手势动作灵活多变。由于上身可前可后，可左可右，还可转动，这样能保证手做出不同的姿势，表达出不同的感情。

稍息式：一只脚自然站立，另一只脚向前迈出半步，两脚跟相距12厘米左右，两脚之间形成75度夹角。运用这种姿势，形象比较单一，重心总是落在后脚上，一般适应长时间站着演讲中的短期更换姿势，使身体在短时间里松弛，得到休息。这种姿势一般不长时间单独使用，因为它给人一种不严肃之感。

第17章 演讲也讲究"一见钟情"

　　一些篇幅较长的政治演讲、学术演讲、法庭演讲、论辩演讲等也可采用坐式。运用坐式要文雅、大方，落座时要轻盈、和缓，切忌急急忙忙，人未站稳就重重地将屁股落在椅子上。落座后要保持上身正直、头平稳，力戒歪斜肩膀、半躺半坐或两手交叉在胸前等不良姿势，两腿要微曲并拢，两脚并起或稍前后分开，不要跷二郎腿或勾着脚。

第18章　用眼神征服听众

不知道眼睛应该看哪里

华人成功学励志大师陈安之说过一个故事：

一位广受尊敬的名牌大学教授曾经向陈安之吐露在新闻传播课堂上所遇到的困难。"虽然我的职业就是讲课，但是在摄像机面前却非常不自在。几天前，我接受了一个通过电视授课的邀请，但是在摄像机面前却很难受，感觉话也不会说了，眼睛也不知道该往哪里看。"以授课为职业，一生中曾在无数的学生面前进行过无数次授课的这位老教授，竟然在摄像机面前手忙脚乱了起来。

陈安之曾经看过一位教授在电视节目中类似的表现。画面中教授的样子非常不自然，也很不自信。问题在于眼睛。因为视线未能与摄像机镜头相接，因此看起来十分尴尬。

事实上，视线的处理不仅是这些教授们的难点，也是电视工作者们都会

第18章　用眼神征服听众

遇到的难点。那个时候，陈安之向教授提出了一个秘诀："像看着爱人一般望着摄像机"。以真诚、能够向观众表达爱意的心凝视镜头，视线就会非常自然，受到广大观众的喜爱。从那以后，教授的电视授课技巧也慢慢变得熟练起来。

用眼睛画"Z"字

进行演说时，视线的处理极为重要。因为视线接触是人与人之间形成信任感的核心要素之一。与台下的听众一个一个地进行视线接触是一个不错的想法。但是对于初学者来说，这并不是一件简单的事情。因为越是想要费心思处理视线，视线反而会变得更加尴尬。

自然的视线并不需要花费过多的心思。当演说者能够沉浸于演说内容而非视线时，视线反而会变得更加自然。著名的讲师可以在授课过程中以"讲这个题目时看着左边，下一个题目时看着右边"的思路，有条理地组织内容和视线。

但是要达到这样的阶段需要相当多的训练和准备。熟练地处理视线的秘诀，首先是要有气势地凝视听众，并且照顾到全体听众。接下来，以与听众一个接一个地进行对话的心情进行视线分配。每个位置停留3秒为宜。在听众席中以大写的"Z"字形式慢慢转移视线，也是一个很有效的方法。

还有一点要强调的是，视线应当朝向听众。就像前文中所提到的，在演说时盯着幻灯片画面，逐行朗读的行为是绝对禁止的。

如果不与听众进行视线交流，不论多么精彩的内容，也无法得到认可。换句话来说，也就是无法说服听众的演说。

美国前总统克林顿就是视线处理中值得借鉴的代表。他在各种演说中展现了出色的视线处理技巧。听过克林顿演说的人，都会产生与他进行了一对一对话般的感动。他的反对者也会在与他见面后，瞬间变为支持者。下面是一个市民作为听众的感觉。

"这真是一次奇妙的经历。克林顿在我听他讲话时，他一直望着我的眼睛，我仔细聆听。像这样受到他人影响，并完整地倾听整个演讲，对于我来说还是第一次。虽然他是总统，却让我产生了他是为了我一个人而演讲的感觉。对于他说的话，我将无条件地相信。"

温柔地凝视对方的眼睛以及自然地微笑所带来的魅力，是增强克林顿演说的说服力的原动力。

眼神的运用

眼神与语言之间有一种同步效应。人们的思想感情常常通过眼神自然流露出来。眼神配合口语，能表达出丰富多彩的思想感情。这是因为人的眼睛有上百条神经连接大脑，它们是大脑获得信息的重要渠道，同时又受到大脑中枢神经的控制。所以，眼睛能自如地传递心灵的信息，反映人的喜怒哀乐之情。演讲者在运用口语传递信息的同时，也自然要通过自己的眼神，把内心的激情、学识、品德、情操、审美情趣等等传递给听众。

不同的眼神，给人以不同的印象。眼神坚定明澈，使人感到坦荡、善良、天真；眼神阴暗狡黠，给人以虚伪、狭隘、刁奸之感；左顾右盼，显得心慌意乱；翘首仰视，露出凝思高傲；低头俯视，露出胆怯、害羞。眼神会透露人的内心真意和隐秘。演讲者的眼神变化要与演讲内容的发展和自己情

第18章 用眼神征服听众

绪的变化相协调，要注意眼神运用的多样性，准确地表情达意，给人以胸怀坦荡的感觉。

眼神不仅可辅助口头语言表达思想感情，而且有时还能直接代替语言。例如，在演讲过程中，现场出现局部骚乱等情况，演讲者可以不开口，而采取盯视法，投出一道目光，使听众领会其意，注意听讲。这样，眼神便代替了语言呼唤，起到了控场作用。眼睛在演讲过程中，既能输出信息，又能接受信息。演讲者在运用目光传递信息的同时，也通过目光察言观色，接受听众的信息反馈，使眼睛发挥组织演讲和收集演讲效果的作用。正因为如此，演讲者既要保持视线的目标在正前方，炯炯有神地面对听众，又要不断地兼顾全场，了解听众的反应。也就是要把目光注视前方与多方位观察巧妙地结合起来，全方位地观察听众。

要做到全方位地观察听众，演讲者要自如地学会运用眼神的三种技法。

◎ 虚视法

虚视法，即目光似盯未盯地望着观众。运用这种方法可显示出演讲者端庄大方的神态，可引导听众进入描述的意境之中，还可烘托气氛。但应注意使用不可频繁，以免给人以傲慢的感觉。

◎ 点视法

点视法，即有目的、有针对性地重点注视某一局部听众。运用这种方法可对专心致志的热心听众表示赞许和感谢；对有疑问和感到困惑的听众进行引导和启发；对想询问的听众给予支持和鼓励；对影响现场秩序的听众进行制止，使其收敛，达到控场的目的。运用这种方法针对性较强，目光含义要明确，同时要适可而止，避免与听众目光长时间直接接触，以免被注视的听众局促不安和其他听众受冷落。

◎ 环视法

环视法，即目光有节奏或周期性地环视全场。其目的主要在于掌握整个演讲现场动态，照顾全场，统帅全局。运用这种方法，可使全场听众产生亲近感。但必须注意，一定要照顾全局，不可忽视任何角落的听众；同时，头部摆动幅度不宜过大，眼珠不可肆意乱转。

总之，无论使用哪种眼神，都是为了表达一定的思想内容和感情，绝不可漫无目的地故弄玄虚。眼神的运用要和有声语言及其他体态动作密切结合，协调一致。同时，在运用眼神时，应当表现出信心和活力，显出风度。

和听众的视线保持接触

在对你的演讲材料足够熟悉的基础上，你可以尽可能频繁地与听众进行视线接触。直视他人的脸意味着坦率和兴趣，而目光游移或者躲躲闪闪则被解释为心怀鬼胎或狡猾诡诈。人们更愿意看着你的脸而不是你的头顶。并且，如果你的眼光一成不变地盯着窗外或看着天花板，听众的注意力就会被你从演讲内容上引开。过了一段时间，听众关注的焦点开始转移到那些方向，他们暗自揣测着你的提示卡是否粘在了大梁上，或者窗外是否正发生着重大的犯罪事件。

但更基本的还是，和听众保持视线接触可以使得你察言观色并获得你所需的信息反馈。通过将你的视线停留在人们的脑袋之间，或者是将视线投射在后排听众的头顶上方来伪装虚假的视线接触，这种做法只会让你得不偿失。

当演讲刚刚开始，你还没有步入正轨时，找到一些用点头示意和积极的面部表情对你作出支持性回应的听众。看着他们并利用他们的支持来帮助你度过这段令你感觉不舒服的时间。但一旦你开始正常发挥，应扩大你的视线接触的范围，使之包括所有的听众。

第18章 用眼神征服听众

事实上，你需要做的是直视单个听众的眼睛，并保持这种视线接触至少3秒钟以上。不要迅速地从一排排脸上扫视而过。在整个房间内随意地移动你的视线，不要掉入一种单调刻板的模式：左，中，右，中，左……找一个朋友或同事进行观察，看看你的目光是否机械呆滞或者你是否老是忽略某部分听众。

在任何演讲甚至是手拿演讲稿的演讲中，你应当将85%的时间用于进行视线接触，只有在朗读技术性资料或简单地参考一下你的笔记时，你的视线才不在听众席上。最重要的是，在你的开场白和总结陈述以及列举最为雄辩有力的观点和最为关键的论据时，要确保和听众保持视线接触。

克服舞台恐惧

眼神不安的人不能给人以信任感。在演说场合眼神闪烁、不知道该往哪里看的原因在于心理上的紧张感。在对内容没有信心的时候，或是对站在许多人面前心怀恐惧时，不安感就会倍增。如果心中感到不安，不论多么努力地进行视线处理，都很难获得良好的效果。

要想使视线变得安定，自信是必需的。在演说时充满自信的秘诀在于，充分、完美地对演说内容进行准备和排练工作。当然，出色的演说内容也是必需的。

对听众的恐惧感也是关键之一。其实并没有必要畏惧听众，只要使他们与自己战线一致便可。也就是说，将听众作为传达爱意、求爱的对象来面对。

人们常常会说，经验丰富了，自然也就不会紧张了。但这与真实的演说场合却有着较大的差异，几乎每一个演说者都会有一定的紧张感。这时候，

第三部分　把握技巧：引爆现场的气氛

尽量以泰然的心态去面对。多经历几次后，一定可以达到处之泰然的境界。这就是自我暗示的作用。

美国前总统罗斯福在小时候，对于罕见的事物十分害怕，是一个不折不扣的胆小鬼。他为了克服自身的缺点，不断地进行身体和精神的锻炼，从而使自己产生了变化。

如果对在许多人面前发表演说十分恐惧，尝试在登上舞台前，用30秒的时间进行深呼吸吧。体内的氧气越多，勇气和力量也就越多。用歌手德莱克的话来说："深深地进行几次深呼吸，不安感便消失了。"

倘若克服了舞台恐惧，那么便再也不会发生看着地下或是背向听众、紧盯着幻灯片的事情了。此外，若能以自信的态度进行演说，那么也能在遇到人生的大小难关时，获得充分的自信。

手也有表情

与怎样处理视线问题一样，演说新手同样会遇到如何处理自己的手的问题。大部分的演说者不知道应该把手放到哪里，手应该有怎样的动作，有这种情况的人也着实不在少数。

手是唯有人类才有的万能工具，同时手也是表现各种表情和故事的媒介。

比如说，你的听众双手交叉放在胸前就是在对你释放拒绝或者警戒的信号。听众手扶额头或者挠头、挠后颈，是一种对你的否定表现。

在演说中，手也可以起到向听众传达多种感情和信号的作用。有人在演说过程中一直保持立正的姿势或者自始至终保持开始时手持话筒的姿势。这种演说百分之百会变得呆板无趣。

第18章 用眼神征服听众

有人不知道该把手放在哪里，于是就插进裤兜，这种姿势实在不值得推荐。因为这会给人一种傲慢甚至是不诚实的印象。最好也不要背着手进行演说。这真的会给人一种傲慢或冷冰冰的感觉。一只手抓着话筒，另一只手抱在胸前的姿势则会给人一种消极的印象。

那么，怎样的姿势和手势才是恰当的呢？

姿势大体可以分为"开放性的姿势"和"封闭性的姿势"。如果将正对着听者的姿势称作开放性姿势的话，那么对着听众侧着身子或抱着双臂的姿势就是封闭性的姿势。

按照美国心理学者麦金利的说法，如果听众有所不满，会自然而然地做出封闭性的姿势。但在试图说服别人时，开放性的姿势则更有效果。这时记住"肚脐法则"会有所帮助。即，一个人肚脐所对准的地方就是这个人想接近并想停留下来的地方。

把肚脐转向你的听众们吧。将手在腰和心口之间移动，你的手势应该是由里向外翻动。如果从外向里翻动的话，则会被视为一种缺乏自信的表现。

从一般通用的手势来看，手臂向下、手掌朝向地面表示否定。手臂放在臀部的高度表示中立，手臂放在胸部、手掌向上则表示一种肯定。幅度较大的手臂动作能给人一种安全感。演说的同时伴随着手掌的慢动作，则给人一种有风度的良好感觉。手势和姿势也是语言的一种，如果开发这种为你所独有的肢体语言，就等于你同时在用两种语言演说。

◎ 演讲手势的重要作用

语言学家们认为，手势是人类进化历程中最早使用的交际工具，是先于有声语言的。手势语在当时的交际中，使用频率之高，范围之广，非今日可比。

早在两千年前就有一位古罗马的政治家、雄辩家说过："一切心理活动都伴随着指手画脚等动作。双目传神的面部表情尤其丰富，手势恰如人体的一种语言，这种语言甚至连最野蛮的人都能理解。"一位在华讲学的心理学

第三部分 把握技巧：引爆现场的气氛

教授与一群聋哑儿童不期而遇，居然能用欧美流行的手势语言同他们顺利交流。事后，这位教授风趣地说："用手势语交流比不懂英文的人用手势比划更方便、更省事。"

手是人体敏锐的表情器官之一。手势是体态语言的主要形式，使用频率最高。由于双手活动幅度较大，活动最方便、最灵巧，形态变化也最多，因而，表现力、吸引力和感染力也最强，最能表达出丰富多彩的思想感情。寓意深刻、优美得体的手势动作，能产生极大的魅力，激发听众的热情，加深听众对演讲内容的理解，使演讲获得成功。

从手势活动的区域来看，大体有三种情况：一种在胸部以上，常常用以表达激昂慷慨、积极向上的内容和感情；另一种在胸腹之间，常用来表示一般性叙事说理和较平静的情绪；还有一种在腹部以下，常用来表示否定、鄙视、憎恨等内容和情感。

根据手的不同形状和活动部位，手势动作可分为手指动作、手掌动作和握拳动作。这些手势语言具有多种复杂的含义，应该细心辨识和掌握。例如，常用拇指和小指，分别表示赞扬与鄙夷；单手手掌向前推出，显出信心和力量；双手由分而合表示亲密、团结、联合；握拳显示情感异常激烈，等等。总之，手势的部位、幅度、方向、急缓、形状、角度等不同，所表达的思想含义和感情色彩就有很大差别。演讲者不可拘泥于某种固定的模式，而要根据演讲内容的不同需要，灵活运用不同的手势。

从手势表达的思想内容来看，手势动作可分为情意手势、指示手势、象形手势与象征手势。

情意手势用来表达感情，使抽象的感情具体化、形象化，使听众易于领悟演讲者的思想情感，如挥拳表义愤，推掌表拒绝等。

指示手势用来指明演讲中涉及的人或事物及其所在位置，从而增强真实感和亲切感。指示有实指、虚指之分。实指涉及的对象是在场听众视线所能

第18章 用眼神征服听众

达到的；虚指涉及的对象远离会场，是听众无法看到的。

象形手势用来模拟人或物的形状、体积、高度等，给听众以具体、明确的印象。这种手势常略带夸张，只求神似，不可过分机械模仿。

象征手势用来表现某些抽象概念，以生动具体的手势和有声语言构成一种易于理解的意境。例如，讲"一颗红心献人民"时，双手做捧物上举的姿势，自然构成一种虔诚奉献的意境，给听众留下鲜明具体的印象。

手势动作只有在与口语表达密切配合时，其含义才最为生动具体。演讲者的手势必须随演讲的内容、自己的情感和现场气氛自然地表现出来。手势的部位、幅度、方向、力度都应与演讲的有声语言、面部表情、身体姿态密切配合，协调一致，切不可生搬硬套勉强去凑手势。如果手势泛滥，着意表演，会使人感到眼花缭乱，显得轻佻作态，哗众取宠。当然，也不可完全不用手势，那样会显得局促不安，失去活力。

美国一位心理学家在环球旅行时进行过一次有趣的调查。在一小时的谈判中，芬兰人做手势1次，意大利人80次，法国人120次，墨西哥人180次。俄罗斯人在表露自己的感情时较为矜持，如果说话时指手画脚，会被看作缺乏教养，然而在西班牙和拉美一些国家人们在说话时特别喜欢用手指点自己身体的某个部位。

生活中人们常常用手势来增强口语的感情色彩。如人在高兴时常常会拍桌子、捶腿、摸胡子、揉眼睛，悲痛时捶胸脯，为难时会搓手，悔恨时自拍脑门，紧张时摸头发，称赞时竖起大拇指，蔑视、小看人时伸出小拇指。第二次世界大战期间，英国首相丘吉尔在结束电视演讲时，举起右手握拳，伸出食指和中指构成"V"字形，以象征英文"胜利"一词的开头字母，结果引起了全场欢呼。至今人们还常用它来表示祝愿和信心。

在人们日常交谈中，说话者手掌伸开手心朝上，表示他诚实、直率；如果他一边说，一边用手指指，那么他可能相当自负；如果他一边说话，一边摆弄手指，或用手指弹桌子，表明他内心紧张；如果在谈话中他用单手握拳，拳臂向上，好像在宣誓的样子，这时你可得小心点，他虽然表面上装得老实，而内心却可能打着什么主意。

◎ 演讲时手势运用原则

演讲中，自然而安稳的手势，可以帮助演讲者平静地说明问题；急剧而有力的手势，可以帮助演讲者升华感情；稳妥而含蓄的手势，可以帮助演讲者表明心迹。下面看看演讲的手势分类。

（1）习惯手势

任何一位演讲者，都有一些只有他自己才有而别人没有的习惯性手势，手势的含义不明确、不固定，随着演讲内容的不同而体现不同的含义。列宁演讲喜欢挥动右手用力一斩。孙中山先生演讲时常常拄着手杖，形成了他演讲的独特形象。

演讲手势贵在自然，切忌做作；贵在协调，切忌脱节；贵在精简，切忌泛滥；贵在变化，切忌死板；贵在通盘考虑，切忌前紧后松或前松后紧。

（2）指示手势

指示手势是用来指示具体真实形象的，分为实指和虚指两大类。实指是演讲者的手势确指，它所指的人或事或方向均是在场的人视线所及的。比如"我"、"你"、"我们"、"你们"、"咱们"、"上面"、"地下"、"这些"、"这一个"等。其中，以"我"为中心的动作居多。虚指是指演讲者和听众不能看到的。比如，讲到"很久很久以前"、"在那遥远的地方"常用虚指可伴有"他的"、"那时"、"后面"等词出现。指示手势比较明了，不带感情色彩，比较容易做。

（3）抒情手势

林肯的老朋友赫恩登说，林肯对听众恳切地演讲时，那瘦长的右手指自然地充满着动人的力量，一切思想情绪完全贯注在那里。为了表现欢乐的情绪，他把两手臂举成五十度角，手掌向上，好像已抓住了他渴望的喜悦。在讲到痛心处，如痛斥奴隶制时，他便紧握双拳，在空中用力挥动。

那种抽象感情很强的手势，在演讲中运用频率最高。比如，兴奋时拍手称快，恼怒时挥舞拳头，急躁时双手相搓，果断时猛力砍下。

（4）模拟手势

模拟手势的特点是"求神似，不求形似"，因此有一定的夸张色彩。在一次演讲比赛中，一个演讲者讲到自己由于身患重病没钱医治，一个个素不相识的朋友给他寄来汇单、物品，在讲到一个年仅五岁的小女孩那天到医院给他送来一个大梨子时，他热泪盈眶，双手合抱，虚拟出一个大球形，好像这梨子就代表了人们的真情实意。这手势信息含量很大，升华了感情。

◎ **演讲中常用的手势**

演讲中的手势千变万化，没有一个固定的模式。作为一个出色的演讲者，平时要认真观察生活，刻苦训练，积极付诸实践。下面介绍演讲中常用的手势三十式。

（1）拇指式：竖起大拇指，其余四指自然弯曲，表示强大、肯定、赞美、第一等意。

（2）小指式：竖起小指，其余四指弯曲合拢，表示精细、微不足道或蔑视对方。这一手势演讲中用得不多。

（3）食指式：食指伸出，其余四指弯曲并拢：这一手势在演讲中被大量采用，用来指称人物、事物、方向，或者表示观点甚至表示肯定。胳膊向上伸直，食指向空中则表示强调，也可以表示数字"一"、"十"、"百"、"千"、"万"……演讲中右手比左手使用频率大。手指不要太直，因为面对听众手指太直，针对性太强。

（4）食指弯曲或钩形：表示九、九十、九百……齐肩画线表示直线，在空中画弧线表示弧形。

（5）食指、中指并用式：食指、中指伸直分开，其余三指弯曲，这一手势在一些欧美国家与非洲国家表示胜利的含义，由英国前首相丘吉尔在演讲中使用而大为推广。我们在演讲中运用时一般表示二、二十、二百……

（6）中指、无名指、小指三指并用式：表示三、三十、三百……

（7）食指、中指、无名指、小指四指并用式：表示四、四十、四百……

（8）五指并用式：如果是五指并伸且分开，表示五、五十、五百……如果指尖向上并拢，掌心向外推出，表示"向前"、"希望"等含义，显示出坚定与力量，又叫手推式。

（9）拇指、小指并用式：拇指与小指同时伸出，其余三指并拢弯曲，表示六、六十、六百……

（10）拇指、食指并用式：拇指、食指分开伸出，其余三指弯曲表示八、八十、八百……如果并拢表示肯定、赞赏之意；如果两者弯曲靠拢但未接触，则表示"微小"、"精细"之意。

（11）拇指、食指、中指并用式：三指相捏向前表示"这"、"这些"，用力一点表示强调，也表示数字七、七十、七百……

（12）O型手式：又叫圆形手势，曾风行欧美，表示"好"、"行"的意思，也表示"零"。

（13）仰手式：掌心向上，拇指自然张开，其余弯曲，这一手势包容量很大。区域不同其意义有别：手部抬高表示"赞美"、"欢欣"、"希望"之意；平放是"乞求"、"请施舍"之意；手部放低表示"无可奈何"、"很坦诚"之意。

（14）俯手式：掌心向下，其余状态同仰手式。这是审慎的提醒手势，演讲者有必要抑制听众的情绪，进而达到控场的目的，同时表示反对、否定之意；有时表示安慰、许可之意；有时又用来指示方向。

（15）手啄式：五指并拢呈簸箕形，指尖向前。这种手势表示"提醒注意"之意，有很强的针对性、指向性，并带有一定的挑衅性。

（16）手包式：五指相夹相触，指尖向上，就像一个收紧了开口的钱包，用于强调主题和重点，也表示探讨之意。

（17）手剪式：五指并拢，手掌挺直，掌心向下，左右两手同时运用，随着有声语言左右分开，表示强烈拒绝。

（18）手切式：手剪式的一种变式。五指并拢，手掌挺直，像一把斧子用力劈下，表示果断、坚决、排除之意。

（19）手抓式：五指稍弯、分开，开口向上。这种手势主要用来吸引听众，控制大厅气氛。

（20）手压式：手臂自然伸直，掌心向下，手掌一下一下向下压去。当听众情绪激动时，可用这种手势平息。

（21）抚身式：五指自然并拢，抚摸自己身体的某一部分。这种手势往往成为一些演讲者的习惯手势放在胸前。双手抚胸表示深思、谦逊、反躬自问，以手抚头表示懊悔、回忆等。

（22）挥手式：手举过头挥动，表示兴奋、致意；双手同时挥动表示热情致意。

（23）掌分式：双手自然撑掌，用力分开。掌心向上表示"开展"、"行动起来"等意；掌心向下表示"排除"、"取缔"等意；平行伸开还表示"面积"、"平面"之意。

（24）拳举式：单手或双手握拳，平举胸前，表示示威、报复；高举过肩或挥动或直锤或斜击，表示愤怒、呐喊等。这种手势有较强的排他性，演讲中不宜过多使用。

（25）拍肩式：用手拍肩击膀，表示担负工作、责任和使命的意思。

（26）拳击式：双手握拳在胸前做撞击动作，表示事物间的矛盾冲突。

（27）拍头式：用手掌拍头，表示猛醒、省悟、恍然大悟等。

（28）捶胸式：用拳捶胸，辅之以跺脚、顿足，表示愤恨、哀戚、伤悲。演讲中不多用。

（29）搓手式：双手摩擦，意味做好准备，期待取胜；如果速度慢表示怀疑；在冬天则表示取暖；拇指与食指或其他指尖摩擦，通常暗示对金钱的希望。

（30）颤手式：单手或双手颤动，必须与其他手势配合才能表示一个明确的含义。

第19章 其他方面:优秀的演讲者要重视细节

对时间的控制技巧

控制好演讲时间是一项重要的内容。但是演讲中对时间的控制又不能只是盯着钟表的时间,而是应该事先排练,根据排练的时间来安排自己的控场时间。

◎ **对时间控制的总体要求**

看看讲话内容各个部分的大致比例:开场白、主要内容、结论。一般情况下,主要内容应该占发言时间的75%。开场白是不是因为插进题外话而拖得太长?还要检查要点之间的相对比例。例如,自己是否用了一半时间来阐述第一个要点,这样做值得吗?

大部分演讲新手在实际演讲时语速过快,这样很多重要的地方就得不到澄清了。演讲排练越接近实际情况,对时间估计的误差越小。

用手表查看自己的演讲时间,但是不要死盯着手表的指针。把开始和结束的时间记下来。手表指针的运动会给你一种压力，让你不太自然。比如，如果你觉得自己讲得太慢，在最后一分钟可能会把速度加快一倍，或者相反的情况，把自己的语速放慢，用使人昏昏欲睡的口吻把句子拖得很长。如果能够为每个部分的讲话定时会对演讲时间的控制帮助很大。

　　有经验的演讲者始终明白演讲的每个部分各占多长时间。即使演讲时间在总体上控制得非常好，他或她仍然希望再把时间分割得更加细致一些。明白时间的长短有助于随时进行调整，这是演讲过程中经常出现的情况。

　　当你的排练工作进行到一定的程度，每次演讲花费的时间大致相等，就要在笔记上记下每个部分各自花费的时间。比如，你可以在开场白的笔记右下方标记"2分钟"，在第一个要点后记好"5分钟"，在第二个要点后记"8分钟"等。

　　合理分配演讲各个部分的时间可以帮助你从容调整内容。比如，你原计划用5分钟讲述第一个要点，听众的反应使你觉得自己得用8分钟才能使他们明白这个问题。于是你决定把第二个要点和第三个要点中的小故事省略掉以空出多用的3分钟。

　　有些人对时间的估计非常精确，不需要外在的提示。如果你不太善于估计时间（我们大部分人都没有这种能力），要坦然地把自己的手表摘下来放在自己看得到的地方，或者请听众席上的同事到时候向你发出信号。但是要避免过于依赖钟表。

◎ 演讲时间太长

　　如果演讲时间太长，超出了预定的时间，我们可以采用下面这些方法来解决这个问题。

　　（1）检查自己的证据和例子，不要反复重申同样的内容。（把这些要除去的内容留在问答或讨论时用）

　　（2）取消较长的故事、笑话、叙述等，除非它们对演讲主题至关重要。

第19章　其他方面：优秀的演讲者要重视细节

（3）考虑把某个要点全部取消。（相应地调整自己的主题）

（4）例子的描述不要太过详细。（不要讲述整个故事的来龙去脉，只需包括所有关键要素的大概情况即可）

（5）考虑用演讲以外的其他方式来解说技术和细节，如分发资料或使用视觉道具。

（6）修饰和简化语言以及措辞，说话要深入浅出。

◎ **演讲时间太短**

如果演讲时间太短，我们可以从下面几个方面考虑改进。

（1）检查是否存在着一些重要看法没有充分发挥。

（2）检查自己的措辞是否过于简短。我们在其他地方已经说过，口语的语速比较快，所以要进行重复和修饰，还要加入各种说明来使每位听众完全把握你的意思以及你希望传达的重点。

（3）一定要保证你为自己的所有要点都配备了充分的证明材料。再次检查你的论据，确保你的论点都有根有据或者没有跳过某些逻辑证明的步骤。

（4）你在图书馆查找资料的工作可能做得不够。你是否确实查阅了相当多的资料？

（5）在大部分情况下，如果你只用了15分钟就讲完了本来打算讲20分钟的内容，没有人会感到格外沮丧，但是，如果你用了40分钟才讲完本来打算讲20分钟的内容，那么其他人的时间安排可能就完全被打乱了。

听众故意刁难的处理

听众中难免有恶意的刁难者，故意提出一些带歧视、轻视、敌视性的问

第三部分 把握技巧：引爆现场的气氛

题。对待这些刁难者，演讲者不能像对待善意的质疑者那样，而是要不客气地给予回击。我们可以采用顺水推舟、针锋相对等策略。

◎ **顺水推舟**

作家谌容有一次应邀到美国一所大学演讲。她刚登上讲台，就有人给她提了一个难堪的问题："听说您至今还不是中国共产党党员，请问您对中国共产党的私人感情如何？"谌容顺水推舟地答道："你的情报很准确，我确实还不是中国共产党党员。但是，我的丈夫是个老共产党员，而我同他共同生活了几十年，尚无离婚的迹象，可见，我同中国共产党的感情有多深。"谌容巧妙得体的回答博得了台下听众的称赞。

◎ **针锋相对**

当达尔文的进化论学说传播开来时，英国教会曾召开过一次辩论演讲会。会上，一位大主教突然对赫胥黎教授进行人身攻击。他说："赫胥黎教授就坐在我旁边，他是想等我一坐下来就把我撕成碎片的。因为照他的信仰，他本来是猴子变的嘛！不过，我倒要问问，这个猴子子孙的资格，到底是从祖父那里得来的呢，还是从祖母那里得来的呢？"赫胥黎针锋相对地回答："我断言——我重复断言：要说我是起源于弯着腰走路和智力不发达的可怜的动物，我并不觉得羞耻；相反，要说我起源于那些自称很有才华，社会地位很高，却胡乱干涉自己所茫然无知的事物，任意抹杀真理的人，那才真正可耻！"雄辩的哲理使大主教瞪着大眼，无言以对。

◎ **欲抑先扬**

周总理有一次在北京举行记者招待会。当他正在就我国经济建设成就以及我国的对外政策做演讲时，一位西方记者不怀好意地站起来问道："请问总理先生，中国可有妓女？"周总理用坚定的口吻答道："有。"顿时会场骚动。在人们惊讶之际，周总理紧接着说道："在中国台湾省。"这一欲抑先扬的回答博得了全场一阵掌声。

第19章 其他方面：优秀的演讲者要重视细节

◎反戈一击

有位演讲家在演讲结束时，台下有一名学生突然连珠炮似地向他发问：

学生：先生，您今天是第一次演讲失败吗？

演讲家：那当然是第一次啦。噢，你们当学生的怎么总爱问这个问题？

学生：演讲时，您觉得什么样的字音最容易说错？

演讲家：错。

学生：您演讲开始时，从来不说的是什么？

演讲家：结尾。

回答了学生的问题后，演讲家也来个出其不意，反戈一击：

演讲家：我方才讲的冷缩热胀的道理你懂了吗？

学生：懂了，先生。冬天白天短——冷缩；夏天白天长——热胀。

这时，台下出现了哄堂大笑，这位发问的学生才知道说错和失败的是自己，不禁羞红了脸。

◎避实就虚

在一次记者招待会上，一位西方记者问周恩来总理："请问，中国人民银行有多少资金？"周恩来听出他是在讥笑我国贫穷。对此，周总理没有做正面回答，而是巧于迂回、避实就虚地说："中国人民银行货币资金嘛，有18元8角8分。"接着，周总理做了这样的解释："中国人民银行发行面额为10元、5元、2元、1元、5角、2角、1角、5分、2分、1分的十种主辅币人民币，合计为18元8角8分。中国人民银行是由全国人民当家做主的金融机构，有全国人民做后盾，信用卓著，实力雄厚，它所发行的货币，是世界上最有信誉的一种货币，在国际上享有盛誉。"

周总理的一席话可谓语惊四座，人们对他的机敏应变才能佩服得五体投地。

◎运用逻辑

著名诗人马雅可夫斯基是一位善于应对的演讲家。请看他在一次演讲大会上是如何应对的吧：

反对者："您讲的笑话我不懂！"

马："您莫非是长颈鹿？只有长颈鹿才可能星期一浸湿的脚，到星期六才能感觉到呢！"

反对者："我应当提醒你，马雅可夫斯基，从伟大到可笑，只有一步之差！"

马（用手指着自己和那个人）："不错，从伟大到可笑，只有一步之差。"

反对者递上一张条子，上面写道："马雅可夫斯基，您今天晚上得了多少钱啊？"

马："这与您有何干？您反正是分文不掏的，我还不打算与任何人分呐。"

反对者："您的诗太骇人听闻了，这些诗是短命的，明天就会完蛋，您本人也会被忘却，您不会成为不朽的人。"

马："请您过一百年再来，到那时我们再谈吧！"

反对者："马雅可夫斯基，您为什么喜欢自夸？"

马："我的一个中学同学舍科斯皮尔经常劝我说：'你要只讲自己的优点，缺点留给你的朋友去讲。'"

反对者："这句话您在哈尔科夫已经讲过了！"

马："看来，这个同志是来作证的，我真不知道，您到处在陪伴着我。"

反对者又递上一张条子，上面写道："您说，有时应当把沾满'尘土'的传统和习惯从自己身上洗掉，那么您既然需要洗脸，这就是说，您也是肮脏的了。"

马："那么您不洗脸，您就自以为是干净的人吗？"

反对者："马雅可夫斯基，您为什么手上戴戒指？这对您很不合适。"

第19章 其他方面：优秀的演讲者要重视细节

马："照您说，我不应该戴在手上，而应该戴在鼻子上喽！"

反对者："马雅可夫斯基，您的诗不能使人沸腾，不能使人燃烧，不能感染人。"

马："我的诗不是大海，不是火炉，不是鼠疫。"

上述应对实在是棒极了，不仅极具幽默感，而且是高妙的逻辑战术。例如反对者由"您说，有时应当把沾满'尘土'的传统和习惯从自己身上洗掉"推出"既然需要洗脸，这就是说，您也是肮脏的了"的结论，这明明是偷梁换柱（即偷换概念）的伎俩，马雅可夫斯基将错就错，用反问给予辛辣的讽刺。当反对者指责他戴戒指并攻击他的诗不能使人沸腾、燃烧和不能感染人时，马雅可夫斯基便以其人之道，还治其人之身，用同样的战术——偷梁换柱予以回击，使反对者一个个败下阵来。

◎ 运用幽默

达尔文在一次演讲中，刚说出题目，一位年轻貌美的女士就站起来，带着戏谑的口吻问道："听说您断言，人类是由猴子变来的？"达尔文答道："是的。"这位美女继续说："那么，我也属于您的论断之列吗？"达尔文彬彬有礼地答道："那当然！不过，您不是由普通的猴子变来的，而是由长得非常迷人的猴子变来的。"达尔文幽默风趣的回答博得全场一片笑声。

以幽默著称的英国前首相丘吉尔有一次正准备做即席演讲，一位媚态十足的女士对他说："丘吉尔，你有两样东西我不喜欢。""哪两样？"丘吉尔问。那女士说："你执行的新政策和你嘴上的胡须。"丘吉尔听后，彬彬有礼地答道："哎呀，真的，夫人，请不要在意，您没有机会接触到其中的任何一样。"

丘吉尔有一回访问美国，刚做了几分钟的演讲，一位反对他的美国女议员就站起来对他说："如果我是您的妻子，我会在您的咖啡里下毒药的。"丘吉尔狡黠地笑了一笑，说："如果我是您的丈夫，我会喝下那杯咖啡

219

的。"丘吉尔的幽默令反对者悻悻而去。

◎ 敌对分子的捣乱

对于敌对分子故意捣乱会场的情况，演讲者应该沉着镇定，机智灵活，在不同的条件下，采取不同的方式，予以回击。

《列宁在十月》这部电影中有一个场面，对演讲者很有启发。列宁在米赫利松工厂发表演讲期间，有个歹徒递上一张纸条。列宁审视片刻，高声向听众宣读：

同志们，我收到了一张纸条，请大家听一听，上面写了些什么："你们的政权反正是维持不住的，你们的皮将被我们剥下来做鼓面！"（群情激昂）

请安静，同志们，我看这张纸条绝不是工人的手写的。恐怕写这张纸条的人，未必有胆量敢站到这儿来！同志们，我想他是不敢站出来的！

同志们，须加上三倍的警惕、小心和忍耐。你们要坚守岗位！对于人民认为是罪大恶极的叛徒，必须无情地加以消灭！不镇压剥削者的反抗，革命就不能胜利！（雷鸣般的热烈掌声）

在这里，列宁巧妙地借宣读反动分子恫吓性的纸条，因势利导地启发工人阶级要保持高度的革命警惕，用铁的手腕镇压反革命分子，来巩固苏维埃政权。这就进一步深刻地阐明了演讲的主旨，扩大了演讲的影响。

冷静地面对自己的失误

演讲者在演讲中的失误时有发生，如演讲忘词，讲漏，或者不小心摔了一跤，绊倒了东西……这些都是常有的事情。出现这类失误以后，演讲者一定要保持镇定，这样才能想到有效的补救方法。

第19章 其他方面：优秀的演讲者要重视细节

◎ 演讲忘了词怎么办

演讲中如果忘了演讲词，演讲者千万别让自己"卡壳"太久，而应强使自己集中思想，争取在两三秒之内回忆忘掉的词语。实在想不起来，可根据原来的意思另换词语，或者干脆"另起一行"，将下一段内容提上来讲。

◎ 遗漏或念错词、讲错话时怎么办

著名相声演员马季有一次到湖北黄石市演出。在他表演前，有位演员错把"黄石市"说成了"黄石县"，引起了观众的哄笑。到马季登台表演时，他张口就说："今天，我们有幸来到黄石省演出……"这回听众不笑了，而是窃窃私语，怎么回事，连你也错吗？这时，马季解释道："方才，我们的一位演员把黄石市说成县，降了一级。我在这里当然要说成省，给提上一级。这样一降一提，哈！就平啦！"几句话博得全场观众热烈的掌声和笑声。马季机智巧妙地圆了场，使演出得以顺利进行。

弹唱家马如飞在一次表演时，不慎将"丫环移步出了房"唱成了"丫环移步出了窗"。听众听后哄堂大笑。马如飞知道唱错了，但他不慌不忙，镇定自如地补上了一句："到阳台去晒衣裳。"听众一听这巧妙的补白，报以热烈的掌声。谁知一疏忽，他又把"六扇长窗开四扇"唱成了"六扇长窗开八扇"。这时观众不再喧哗了，静静听着他如何补漏。马如飞依然不慌不忙，他以丰富的舞台经验继续唱道："还有两扇未曾装。"台下顿时掌声满堂。

演讲时如果出现遗漏或讲错话的失误，演讲者最好能够悄悄改过，不露痕迹。比如，发现自己漏讲了某一点、某一段，可以随后补上，不必声张；念错某个字词，或讲错某句话，也可以及时纠正，或在第二次出现时纠正。万一听众发现了你的错误，也不要紧，演讲者不妨将错就错，自圆其说。

演讲者如果出现类似失误，完全可以借鉴这种补救的做法。例如，某同学做演讲时，想用一段诗作为开场白："浓浓的酒，醇醇的……"但他一上台就念成了"酒"——将"浓浓的"漏掉了。他灵机一动，将错就

221

错,干脆将诗改成:"酒——浓浓的、醇醇的……"听众对他的妙改报以热烈的掌声。

◎ 跌倒或扣错扣子怎么办

例如,曾有一位演讲者走上讲台时不慎被话筒线绊倒了。当时台下听众发出了一片欷歔声和倒掌声,气氛降到了零点。这位演讲者爬起来后,不慌不忙地走到话筒前,微笑着对听众说:"朋友们,我确实为大家的热情倾倒了!谢谢!"顿时,全场响起了热烈的掌声,大家都为他这绝妙的应变和开场白喝彩。

又如,获得奥斯卡最佳女主角奖的雪莉·布丝莱上台领奖时,由于跑得太急,上台阶时绊了一下,差点摔倒。她在致辞时说道:"我经历了漫长的艰苦跋涉,才到达这事业的高峰。"这句应变的开场白简直妙不可言。她将上台领奖遇到的挫折与拍电影历经的艰辛巧妙地结合在一起,既揭示了达到事业顶峰的真谛,同时又化解了险些摔跤的尴尬,可谓一举两得。

上台演讲时不小心跌倒了,或听众发笑时才发现自己衣服扣子扣错了,或拉链没拉好,或帽子戴歪了……遇到这种情形,演讲者多半会感到尴尬。笨拙的化解方法是,演讲者可以跟着听众笑到一块,在笑声中恢复常态。对此听众一般是不会介意你的失误的。高明的化解方法,当然是演讲者能够借事发挥,说几句巧妙的开场白。

演说时该有的嗓音

◎ 嗓音的力量

姜文、葛优、陈道明、陈宝国、黄晓明、唐国强……

第19章 其他方面:优秀的演讲者要重视细节

这些顶尖的男演员名单上不可或缺地有着一个共同点,那就是听到他们的名字,首先浮现在脑海中的不是他们的脸,而是他们的嗓音。如果说俊美的外形能瞬间俘获人心,那么好的嗓音则将会长期使人着迷。一般来说,嗓音有魅力的人获得他人的信赖和好感的可能性比较大,容易被人认为是有能力、性格外向和有良心的人。相反,如果嗓音不能让人产生好感,即使长得再好看,魅力也只能减半了。

英国美男足球明星大卫·贝克汉姆就是"不协调"的典型代表。虽然他俊秀的容貌让电影明星都自叹不如,但他细弱的声音却粉碎了许多女性粉丝的幻想。或许有人会说,这就是证明上帝是公平的证据。贝克汉姆的嗓音无疑是让他魅力减半的重要因素。

嗓音不但是产生魅力的重要因素,还能在很大程度上体现出讲话者是怎样的人。美国哈佛大学研究指出,嗓音蕴含着一个人的性别、年龄、出生地区、情感、健康状况、智力水平等诸多信息。80%以上的听众会通过讲话者的嗓音来推断他的身体、性格和心理特征。另外,嗓音的音调、强弱、语速、声音大小、语调等能够体现出鲜明的特征,根据它们可以区别不同人的嗓音。

这一点在我们听某个特定的人做演说的时候,就变得很容易理解了。我们可以根据话者嗓音中的方言来判断他来自哪个地方,根据他讲话的态度和风格来了解他的智力水平、性格和心理。甚至可以得知他的健康状况,身体是否有疾。

如果一个人嗓音低沉或者常常惊慌、尖叫,那么他的骨关节可能有疾病。如果一个人讲话含糊不清,那是因为心脏和横膈膜之间的部分有问题。嗓音低、发声细长的人有可能大脑存在问题。

人的五脏六腑出现异常时,嗓音与平时会不同,因此可以根据嗓音判断身体是否有异样。因此可以说嗓音是人的第二张脸,也是人的第二指纹。

有经验的侦探之所以可以只通过犯罪嫌疑人颤抖的嗓音和语速来推断他的证言是否真实，也是出于同样的原因。尤其是那种直觉很强的人，综合对方的语调、音量、语速和姿势、流畅程度等，大致可以推断出他的性格、学历和身份地位等信息。

英国泰晤士日报一位著名的话剧评论家说，一个演员的演技很大程度上受到他嗓音的影响，这种论断同样适用于大众演说。也就是说，嗓音对演说的影响绝对不可小觑。

让我们一起来做一个有趣的假设。

"在问国家能够为我做些什么之前，先问问自己应该为国家做些什么。"

这是美国前总统约翰·F·肯尼迪在一次著名的演说中所提出的观点。那么让约翰·F·肯尼迪和当今首屈一指的演说家贝拉克·奥巴马进行演说比赛的话，谁会赢呢？在这场假想的比赛中，相当多的专家会把票投给奥巴马总统。

奥巴马总统的演说之所以能获得高分，这受益于其粗重低沉的嗓音。他那令人产生好感和信赖感的嗓音对他成为美国历史上首位黑人总统有着很大的帮助。相反，肯尼迪总统的嗓音单薄且高。假设他们演说的内容相同，肯尼迪的传达力可能就比奥巴马略逊一筹了。

◎ 将演说型嗓音最优化

"好听的声音"有着激发人们的兴趣，使人们集中注意力的力量。请试想一下正在倾听别人讲话时的情景。某人讲话的时候，我们先听的是他的嗓音，而不是演说内容。嗓音所肩负的传达内容方面的职责是以后的事情。换句话说，听众一旦打开了听觉，集中精力听演说就是自然而然的事情了。如果接下来的演说富有逻辑且能打动人心的话，达到成功说服听众这一目标只是一个时间问题。英国政治家约翰·莫利指出"谁"、"怎样"、"演说什么样的内容"是三大首要因素，这其中最不重要的内容就是演说的内容。这个观点在梅拉宾法则中也曾出现过。

第19章 其他方面：优秀的演讲者要重视细节

看到这里，你会为自己普通而平凡的嗓音而愤愤不平。但是，即使对自己的嗓音没有自信也不必气馁。因为通过训练可以在某种程度上得到改善。例如，演员朴信阳充满魅力的嗓音，事实上是"制造出来"的。他在参加一个广播节目时坦言，大学一年级时有一个老师指出他的嗓音并不好，从那时起，他就开始每天坚持嗓音的练习。15年过去了，他成为韩国著名的演员，并且拥有一副令人羡慕的好嗓子。

我们所需要的是"演说用的好声音"。不是每个人都可以拥有配音演员般的好声音，但是每个人都可以发出演说时的最佳声音。

如果想把天生的嗓音转变为"演说用的声音"，需要调节音调、音量、语速、停顿等。即使只对音调和语速进行适当的调节，在演说中也会带来节奏感和趣味。

演说中恰当的语调，即"播音员语调"，可以给人带来安全感、信任感和职业感，增强说服力。任何人都可以通过练习来调节音调。让我们一起来训练自信满满、热情洋溢的嗓音吧。

音色方面，在"哆来咪发索拉西哆"的七个音阶中，需要调到大概音阶"索"，进行腹部发声练习。同样也有进行语速调节的练习，我们应该避免语速过慢或过快。语速太慢会让人觉得烦闷拖拉。语速过快虽然会显得有自信，但是会让听众难以跟上演说内容的进度。

音调偏低的人要用比平时稍快的语速，音调偏高的人则要稍微减慢语速才能具有更好的表现力。像我这种情况，就要配合活动的进度，或者在做讲义时刻意比平时讲话的速度放慢一些。因为只有这样才能准确应用发音的每一个音值，才能更有利于人们的理解。也可以争取到深呼吸的时间。

观察听众反应的同时，调节嗓音的高低也是重要手段之一。如果像读国语课本似的用单声道读稿子的话，想必人们是冲着催眠三昧真经去的。

音量也十分重要，过小的声音由于无法镇住场面，将是致命伤。过小的音量是在宣告自己的内心不安和自信不足。

综上所述，用比一般对话稍快的语速，尽可能的深沉镇定的嗓音，适当变换音调和音色为最佳。在这里，如果准确的发音和语调又兼备流畅性，那就可以称得上是锦上添花了。

◎ **演说声音训练**

清晰又多回转的中低音是最吸引人的。根据美国富布莱特大学和巴尔的摩大学的研究，无论男女，当他们和自己喜欢的异性对话时，会不自觉地较平时说话时降低音调，变为中低音。这可以证明，中低音是拨动人心弦的最佳音调。

中低音浑厚却不失温和，会给人一种信任感。这就是为什么播报员多为中低音的原因。获得信任感对播报员是非常关键的。调整呼吸，使得声带与空气充分接触，这个时候就能够发出中低音的声音。这也是声乐家发出有力的低音的方法。

音调变化由声带肌肉的运动决定。我们平时说话的音调是我们的发声习惯，这种习惯无法在短时间内改变。但是通过勤奋的练习，我们可以在一定程度上充分地提高自身声音对他人的好感度。

首先要练习能够在说话时呼吸充足，发音清晰。可以试试每天早上大声朗读10~20分钟的报纸。

也可以试试演员们的发声方法。声带和空气接触得越充分，所发出的声音就越嘹亮有力，因此要想发出这样的声音，最好进行腹式呼吸。进行腹式呼吸时，我们可以感觉到肋骨被舒展，能够吸入足够的氧气，这样我们的发声就有足够的气衬托，不会跑音。

在嘴里含一枚鸡蛋，然后练习发"嗯"声，这样也会有所帮助。一天练习两到三次，每次10分钟为佳。也可以像唱歌一样反复练习"嘛嘛嘛"和"内内内"等声音，可以帮助缓解声带肌肉紧张，使声音更加响亮。并且不断补充水

第19章 其他方面：优秀的演讲者要重视细节

分也是发出好声音的秘诀之一，因为及时喝水能够保持声带不干燥。

此外，可以经常按摩声带周边和下巴下面的肌肉。声带本身就是肌肉，将肌肉舒展开，声音就能够变得更加纯净。

如果讲话时声音颤抖，就要想办法让肩膀先放松。在演说之前先去会场熟悉、准备一下，也能够有效地缓解声音的颤抖。

成功人士的一个共同的特点就是声音清晰嘹亮，能够给人积极向上的好感。在演说中，也要根据情况变换声调。例如，当要说服别人的时候，柔和的低音是比较有效的。平时要多练习腹式呼吸，从深处发音，让发出的每一个字都正确有力。

◎ **几种常见的发音缺陷**

常见的发音缺陷有用鼻音说话，说话尖音，声音沙哑，含糊不清，声音单调乏味或者语速太慢或者太快。这些都将影响演讲者的表达，是任何一个演讲者都必须克服的发音缺陷。

1.鼻音

用大拇指和食指捏住鼻子，然后说"厄……哼……嗯……"你的手指便会感到发音所引起的鼻部的颤动，这就是鼻音。

用鼻音说话很容易给人以装腔作势、扭扭捏捏的感觉。这是一个极易损坏个人说话形象的缺点。

为了避免用鼻音说话，说话时嘴巴要张开，上下齿间保持半厘米距离，不要像玉米棒上的两列玉米粒紧紧靠合在一处，要用胸部产生共鸣。

2.尖音

我们常见的提高嗓门唤小孩子的声音就是尖音。说话音尖，脖子粗大，血管和肌腱像绳索一样突起，下颚附近肌肉紧张，这声音听起来就像海鸥叫声一样尖锐。尖声比鼻音还难听。治疗尖音，首先要努力减轻生理紧张，放松你的下颚、舌头、嘴巴、声带。

3.低语

有人说，低语是声音的鬼魂，即丧失了大部分语调和共鸣的声音。我们可将手指放在自己喉头上，以正常音量说一两句话，要是完全没有颤动感，没有嗡嗡声，就是在用低语说话。无人时的自言自语，佛前祈祷都是低语的。但用低语说话，常会将语句中整个音节省略，使人听起来昏昏欲睡。

4.沙哑

如果不是因为感冒、抽烟或其他疾病，声音沙哑是不适当的呼吸造成的。说话时气流作用于声带强度过大，使声带很疲劳，声音就会沙哑。沙哑的声音有的因特殊也会产生好听的效果，但终非长久之计，须想办法调整。

5.含糊不清

有的人说话时嘴里像含了一个什么东西一样含糊不清，说出来的话就像黏在一块，有时整个字词都省掉了，这种人说话时嘴唇好像不大动。我们常常把这种咬字不清、发音低浊、语言含糊的说话者称为嗫嚅者。

6.单调

说话声音单调乏味，说起来像个节拍器"嗒、嗒、嗒"或漏水的水龙头"滴、滴、滴"，像机器人说话没有音调的变化，没有色彩。正常的声音包括12~20个音符的音阶，说话单调的音符大概不超过5个。

7.语速

说话太快或太慢，都会让人听起来不舒服。前者让人觉得太紧张，喘不过气来，后者让人昏昏欲睡。正常的语速在不同的情况下有不同的标准。新闻联播播音员的速度为每分钟350字左右；教师课堂讲课以每分钟200~245字为宜；平时说话的速度不宜固定，如果不包括增加效果的停顿和情绪变化的影响，一般比朗读慢一些，每分钟160字左右。

第19章 其他方面：优秀的演讲者要重视细节

像专业人士一样进行答问

在发表演说时，问与答是用来倾听观众对于演说的反应的部分，同时，这也是一个可以各抒己见、强调不同信息与观点的时间。前英国首相托尼·布莱尔在演说中所进行过的问与答就是一个可以借鉴的极为成功的范例。在问与答的过程中，布莱尔首相总是微笑着接受一切提问，并始终与提问者保持眼神接触，耐心地倾听。如此的面貌大大提升了大众对布莱尔首相的信赖感。

问与答部分是极为重要的一部分。发表演说者可以通过这个部分大大提高自身形象，同时，这对演说者也是一次考验。如果问与答部分进行得不顺利，那么前面整个演说的可信度都会被降低。

要想在问与答部分应答有余，最好提前设想一些问题并对这些问题进行一一解答。

事前分析听众情况并分析一些必答问题非常必要。虽然提前猜测到所有提问是不可能的事情，但是充分的准备能够从心理上提升自信感。

如果观众提出了预想之外的问题，也不必惊慌失措。如果有人提出了非常难的问题，这时绝对不可以不懂装懂，胡言乱语；而应该诚实地告知对方自己对这个问题并不十分了解，当场回答有些困难，而将在演说结束后再对提问者的问题给予回答。这样并不会降低观众对演说者的信赖度。

此外，如果不能够准确把握提问者的问题及其隐含的深意，常常会出现答非所问的情况，从而使得整个演说的水准瞬间降低。所以我们必须准确把握提问者的提问意图，究竟是想把某一个问题问得更加清楚一些，还是表达善意，或是表达恶意。所以我们要把问题从头听到尾，不可以凭自己的猜测从中间打断提问者，也不可以没听懂问题就开始提前准备答案。如果需要有思考答案的时间，可以在提问者的问题结束后，稍微加以思考，而此时出现短暂的对话空白也是可以的。

如果问题中含有敌意，可以适当地进行语气缓和的反问。例如："如果是您，您会怎么做呢？"

有时会出现同一个提问者连续提出三四个很难的问题的情况。这时候可以保持笑容，并要求提问者将问题一个一个清晰明了地提出来。

回答完所有问题后，可以问一下提问者对自己的回答是否满意，这样可以显得更加有礼貌。

在提问与回答问题环节，最重要的是尊重提问者的态度。即使是听起来有些荒唐甚至是愚昧的问题，也应该表现出耐心，仔细聆听并作出适当的回答。

附一　成功演讲100招

1.演讲稿要一改再改，一删再删，一读再读。

2.注意自己的演讲形象，仪表仪容要与演讲的主题相适应。

3.综合多种相同论点来立论，立论要大小适当，清楚明晰。

4.务必给听众一个难忘的演讲形象，起码让其听讲前与听讲后的感觉有所不同。

5.如果可能的话，尽量让听众参与演讲，增加和丰富演讲的内容。

6.预先观察演讲场地，熟悉环境设施，多做心里预演。

7.安排演讲的时间，过长不益，过短不利。

8.切记：一小时演讲，十小时准备，做好充分的心理准备。

9.要熟悉演讲程序，清楚议程安排。

10.演讲前要进行充足的休息，保持精神饱满。

11.注意观察听众的反应，把握演讲中的细节。

12.要学会触景生题，随机应变。

13.要检查演说场地的一切细微之处，即使是看似微不足道的地方。

14.确定演讲的最佳位置。

15.预先计划好如何退场。

16.事先了解如何操作扩音设备。

17.务必将演说的主要概念阐述清楚。

18.必要的时候,要确定照明开关的位置,以便必要时调暗灯光,使用视觉辅助。

19.要围绕三四个要点构思演说。

20.可来几段相关的趣闻逸事以保持听众的兴趣。

21.研究信息时勿忘自己的主要目的。

22.演讲中每一个要点都要用一句话总结概括。

23.必要的时候可以制造悬念或埋下伏笔。

24.运用好势态语。

25.未能立即获得某一信息尚尤可,而不识好的信息源则实可悲。

26.要决定演说中有多少要点。

27.演说务必结束于一个强劲有力、积极向上的要点上。

28.构思演说时要清楚界定一个要点的结束和下一个要点的开始。

29.千万不能将演说构思得太繁杂,以免令人费解。

30.要记住写讲稿不同于听人念讲稿。

31.找出表达同一意思的不同方式,选用最自然的一种。

32.对讲稿引用的东西要严格挑选。

33.可以用卡通画使严肃话题轻松。

34.讲稿每张纸仅打印或写一面,并用大号字体。

35.首次要听众看视听辅助时应停顿。

36.在坚挺纸张或索引卡上记提要。

37.每次排练时都用选定演说时用的视听辅助。

38.时刻提醒自己:是与听众交流,而不是对他们讲话。

附一 成功演讲100招

39.保持平静的心态。

40.不要过频繁地变换语调,这样听起来很假。

41.掌控好演讲的语速,快慢有度,轻重有法。

42.演说时非用不可的视听信息应该一式两份。

43.必要的时候要进行排练:忘记某点在讲稿上的位置而又能设法找到。

44.练习用正常语调、最大音量清楚地讲出来,但不是喊。

45.要变换演说节奏并判定哪种节奏最有效。

46.要知道听众是你的朋友,他们都想从你这儿学到一些东西,或获得一些启迪。

47.如果你举止自然,听众就会对你热情。

48.要像看待一小伙听众一样看待大量听众。

49.可以照镜子研究自己,看看自己应该给听众一个什么样的演讲印象。

50.不能穿戴任何分散听众注意力的东西。

51.演说时手不能插在口袋里。

52.头发千万不能垂到脸上。

53.要学会放松脸部肌肉并微笑。

54.演说时应穿舒适的鞋子。

55.身体语言必须反映说话内容,不要无故做无意义的动作。

56.临演讲前可以含粒薄荷味或蜂蜜味的糖,以此缓解生理可能出现的紧张。

57.紧张时加大呼吸深度。

58.演讲前尽可能罗列出令你对演说紧张的因素。

59.自我伸展并想象你比实际高。

60.试以端坐不动的姿势放松10分钟。

61.练习变换若干句子的语调。

62.要仅在笑得自然的时候微笑。勉强的笑总显得虚假造作,令人不信。

63.演说前夜睡个好觉，以使自己精神饱满。

64.每次演说前都要例行这种临场仪式。

65.要让听众知道你很了解他们的感情。

66.可利用某些紧张能量活跃演说。

67.深呼吸，放松，微笑，然后慢慢地开始演说。

68.讲稿每次不能多看，要集中注意力于演说流利。

69.每当讲到要点时都要短暂停顿。

70.不要怕用大手势和长停顿。

71.注意脚拍地的声音，这是一种强烈的不耐烦表示。

72.总结与问答之间要有休息以此缓解紧张气氛。

73.关键数词要重复，如"15个星期"。

74.讲一段大家喜欢的、不离题的趣闻逸事可缓解紧张。

75.不要让视觉辅助显示过久，这样会分散听众的注意力。

76.不要草草收场，好似要匆匆离开一样。

77.每次演说都要以一个精彩有力的总结收场。

78.可想象自己在做一流演说。

79.要不失时机地与听众中某人进行目光接触。

80.要尽可能多地听先讲的人演说。

81.总结时要用同声共韵制造感染力。

82.可于常规间歇中提问以使听众发言。

83.相信自己，全神贯注，不要被听众可能出现的某些无理举动分神。

84.如果你正坐着演说，台下出现意外情况，干扰了你的讲话，此时应该起立以维护自己的权威。

85.应当避免过长时间的目光接触，那样可能激怒人。

86.要用知识赢得听众。

87.对羞怯或紧张的提问人要鼓励道："提得好！"

88.将怀有敌意的提问转给提问人自己或让听众回答。

89.要说真话，因为听众会很快识别出虚假，从而有损于你的威信。

90.可与某位你觉得易接近的人进行最初的目光接触。

91.要小心避免以听众的恩人自居。

92.对确信会提的问题要预先准备一两个较长的回答。

93.请记住敌意针对的是你的观点而不是你个人，所以即使这种情况出现，也不要心情暴躁。

94.可找你的朋友对练即席问答。

95.如果你讲的是事实，就应当摆出证据说服人。

96.无论听众提问的语气或目的如何，你都要保持冷静。

97.要尽量发现一些你与听众的共同点。

98.要向全体听众，而不是仅向提问人回答。

99.要既处之悠然又保持警惕，这样你便会得意于你的演说。

100.记住激情和幽默是演讲的两大法宝。

（以上内容摘编自《演讲金口财》一书）

附二　TED的演讲圣经

你知道TED吗？

TED是技术（Technology）、娱乐（Entertainment）和设计（Design）三个英文单词的首字母缩写。它是一个非营利性的组织，宗旨是"用思想的力量改变世界"，它的核心活动TED大会每年举办一次，邀请全世界的思想领袖和实干家来分享他们最热衷从事的事业——有关科技、社会、文化和人类的思考与探索。

1984年，美国建筑设计师理查德·沃曼和哈里·马克思共同创办了TED，自1990年开始，为期4天、1 000人与会的TED大会热闹开幕。每位TED演讲者被邀请上台进行18分钟以内的演讲。每年3月，美国加州的海滨小城长滩市都会因TED大会的举办而热闹起来，从机场到会场的道路两旁挂满了红色的TED标志。

TED网站这样介绍道："你是否想象过有一天史蒂芬·霍金给你讲宇宙？或爱德华·威尔逊给你讲生物学？电视和媒体讲述的大部分都是我们已经知道的东西，而TED却告诉我们那些不知道的。"

在这个讲台上，乔布斯曾用极其诗意的语言推出了第一款苹果家用电

附二 TED的演讲圣经

脑；索尼公司介绍了日后带来存储革命的CD光盘；美国前副总统戈尔有关气候变暖的演讲，成为奥斯卡最佳纪录片《难以忽视的真相》的缘起；比尔·盖茨呼吁关注美国财政对于教育体系的消极影响，并自此创立盖茨基金会——他和戴维斯·古根海姆合作的纪录片《等待超人》说的就是如何为孩子创造更好的教育方式。

演讲者都是行业翘楚和神话缔造者，而在18分钟内把自己思考了大半辈子的事情说清楚，并不是件容易的事。这造就了TED独特的演讲风格：没有例行的开场白或感谢辞，直接进入主题，不过分苛求细节，不仅有心智上的启发，还有情感上的感染，当然，肢体语言必不可少，再来几个小段子，增加些幽默元素，就更加迷人。

如果你以为TED只有大牌，那就错了。和现实世界的领导者们比起来，那些在各自领域里默默耕耘的无名人士正在扩大着TED的演讲魔力。TED选择演讲者的标准只有一个——不同凡响。这些人的"不同凡响"就意味着惊心动魄的故事、激动人心的壮举、令人拍案的创意、引领潮流的设计，以及回味无穷的经历。有的演讲者是警察，他们在尝试新的方法与囚犯接触；有的演讲者是魔术师，他借用iPod展现科技产品与魔术碰撞出的火花。观众开始发现，TED在歌颂着这样一种新的成功：一些普通人，通过街头歌唱、拍纪录片、有机农耕、开发盲人汽车等各种方式，来参与到这个社会中，而不仅仅是为自己谋取最大的利益。

2001年，科技记者出身的英国人克里斯·安德森成为TED的新掌门人，他的开放意识使TED的触角伸向艺术、教育、自然、宗教等领域。于是，孤身滑雪到北极的探险家、欧洲大型强子对撞机的设计者、从土星归来的天文学家、在一滴海水中发现数百万新物种的生物学家都出现在TED的讲台上，如今的TED，成了各路达人的舞台。

你需要知道的TED常识

◎ 18分钟

在18分钟内完成一个有魅力的演讲，并不是件容易的事情。18分钟听起来太过短暂，似乎无法传达足够多的信息。然而，TED大会策办人安德森决议推行这项时间限制规则，因为"这个时间长度足够庄重，同时又足够短，能够吸引人们的注意力。你不应该只说话，还需要有十足的表现力，让台下的观众获得很棒的视听体验。无需寒暄太多，直接进入主题。你的任务是讲好一个故事，而非很多个故事。"

他们希望通过迫使那些习惯于滔滔不绝讲上45分钟的嘉宾把演讲时间压缩至18分钟。"这样，你就可以让他们认真思考他们真正想说的话。"他说，"如果你希望你的信息像病毒般扩散，这也是一个完美的时间长度。"他还举例说，物理学家或许会大加赞赏天文学家大卫·克里斯蒂安在2011年TED大会上发表的演讲。克里斯蒂安在这个演讲中完整地讲述了宇宙史及地球在宇宙的地位，整场演讲用时只有17分40秒。

安德森认为，即使一篇演讲无法提炼到这样的程度，单是这番努力也一定能改善演讲的效果："仅仅通过这番提炼，你就可以大大增强陈述的创造性和影响力。"

◎ TED Talks

2006年，TED开始将每年的演讲做成"TED Talks"系列视频，免费上传至互联网，它的形式仿佛是在线公开课，并由全球志愿者提供多达32种语言的字幕翻译。这个大胆的开放之举，使得TED从每年1 000人的大会，发展

附二　TED的演讲圣经

到每天有10万人浏览的网络社区。于是，将TED建设成为一个线下与线上兼顾、参与者遍布全球的创新交流社区，成为了TED粉丝的使命。

◎ **TEDx**

TEDx是全世界TED爱好者的组织，它的命名格式是"TEDx城市名"。粉丝们会在各自的所在地召集TEDx活动，分享演讲视频、结识朋友、展开讨论，最大限度地将TED的精华传播出去。同时，他们也志在挖掘本地的精彩演讲者，例如，印度天才少年普拉纳夫发明的第六感装置几乎让全世界为之震撼，而这项关于物理世界和数字世界互联的创世发明就在TEDxIndi-a上首次公开。到目前，这样的集会在全球已经超过了2 000场。

◎ **TED to China**

TED to China是一个完全由志愿者出钱出力把TED演讲引介到中国的组织。他们关注的是什么样的人会聚集在TED周围，以及怎样带领这些人践行更好的想法，怎样通过TEDx挖掘更多的力量，产生积极的化学反应。

北京、上海、广州、厦门、珠海等地都逐渐有了随TED传播而来的兴趣小组。TEDxFuzhou（福州）的成员们青睐小而精的活动，每周三在某个酒吧、咖啡厅里播放TED视频；TEDxTaipei（台北）正在致力于TED的台湾本土化，把TED定位成一个说故事的平台，挖掘台湾本土的人和事；TEDxHongKong（香港）的主办者Gino已经去过三次TED大会了，他开始与香港的门萨、ThinkFun等精英俱乐部合作，获取社会资源。

（以上根据网络资料整理）

TED教你"七招制胜"

下面是TED演讲时的七大技巧：

◎从"为什么"开始,而非"做什么"

太多人在准备演讲的过程中关注"做什么"和"怎么做",却没有思考过"为什么"——为什么要做这个演讲,为什么要影响他人,为什么觉得你的观点值得传播?当我们沉下心来思考这些问题的时候,才发现这个"为什么"才是最为核心的。为什么TED演讲能够吸引人,答案就是在于它是每一个听众内心的折射,它代表着每一个人内心的渴望——每个人的内心都有一个想去分享的冲动,每个人的内心都有一个改变世界的愿望,只不过我们常常将它淹没。

西蒙·斯涅克发现,普通人和普通公司会从他们在"做什么"开始分享,如果我们幸运的话,还会听他们分享一些是如何做到的经验。相反,激励型领袖和杰出的公司首先会分享他们从事当下工作的理由,然后再告诉大家他们做这些事情的方式。他们把"做什么"留到最后。

西蒙将这个发现精炼成了优雅的"黄金圈"理论:把它想成一个箭靶,"做什么"在外圈,"怎么做"在中圈,"为什么"在内圈。伟大沟通者的工作方式是由内往外做。

西蒙没有将这个秘密留给自己,因为他毕生的追求就是"鼓励别人,让他们做能鼓励自己的事情"。于是他在TEDx演讲中分享了他的发现。

直到今天,西蒙·斯涅克的演讲依然是TED上点击率和传播率最高的几个演讲之一。你会发现,这段演讲录制的效果并不太好,场地也不恢宏雄伟,甚至于演讲者本人也没有用PPT。他只用了一张白板就开始讲解观点,但这个观点特别让人振奋,因为真正打动人心的其实就是一个值得传播的观点。西蒙讲演的核心观点就是"从为什么开始":当你去区别平庸公司和优秀公司,区别成功者和一般人之时,你会发现秘密就只有一句话:这些成功者往往都是从"为什么"开始思考的,而不是从"怎么做"或者"做什么"开始。

附二　TED的演讲圣经

◎ 专注"一个"观点，用故事推进演讲

演讲者常犯的一个最大的错误就是试图通过一次演讲传达一生所学。其实，专注于一个观点，能让你更清晰地组合你的材料。有时候，尽管你有一个很棒的案例，但却不能直接支撑你的信息，那无论你多么想用它，都应该放弃。

有很多时候，演讲者在发表了一段包装精美、高度精练的言论后，才最终得出结论。他非常希望听众了解更多，所以不断增加观点或者建议，但却已经游离了讲演的中心，这种思路混杂的情况反而大大降低了演讲的整体影响力。

专注"一个"观点，用故事来推进演讲，这是TED演讲者共同的做法。因为，故事不仅仅是TED讲演的核心，它也是观点最有力的证明。

"我能讲的最让人感到惊奇的故事是什么？"这是每一个演讲者首先要思考的问题。好的演讲者通常是一个擅长讲故事的人，他将演讲内容集中在一个故事上，然后声情并茂地讲述，并在结尾处揭示道理。当然更多的讲演者是用多个故事作为观点的支撑，来丰富讲演的内容。但不管怎样，用故事推进演讲，是十分有效的。

通常，讲故事的演讲者会用第一人称展开叙述，其中最著名的例子是吉尔·波特·泰勒的TED演讲《泰勒的奇迹》。

泰勒在故事的开篇就提到她的工作内容以及为什么会做这份工作。她是一名研究员，在哈佛医学院精神病学系从事严重精神疾病的研究。她选择这样的人生是为了帮助患有精神分裂症的人们，而这其中包括她的弟弟。但在1996年12月10日，也就是她37岁的时候，泰勒发现自己患上了非常罕见的疾病——一种由出血引起的中风，这种疾病会影响左脑的语言中心。在竭力弄清楚发生了什么并寻求帮助的过程中，她体验到左脑屏蔽，完全活在右脑意识中的奇特感受。幸运的是，泰勒不停地想办法调动已经出血的左脑，在多次努力后终于依靠瞬间意识拨通了同事的电话,叫来了救护车。三周后泰勒接受手术摘除了一个高尔夫球大小的血块,经过8年的休养最终完全康复。

故事结尾时,泰勒以非常戏剧化的方式抛出了观点:

"我深信,只要我们花更多时间去关心右脑,寻找那片内在的宁静,就会为这个世界带来更多的和平,我们的地球也将变得更美好。我认为,这是一个值得传播的观点。"

以第一人称来讲故事,就意味着你必须讲你亲身经历或者观察到的故事。一个具有个人色彩的有主题的故事,效果是立竿见影的。

故事讲述的黄金法则是"展现,而非讲述。"换句话说,就是你需要在台上重新创作你的经历以再现你的故事,而不是简单地复述。因此你要让你的情绪渗透其中,让细节变得生动鲜活。好的故事会让听众醉心于从过程中领会的智慧,而不是只想听到结果。

◎ **将观点提炼成令人难忘的口号**

让我们再从西蒙·斯涅克的演讲说起,尽管"黄金圈"这种说法可谓匠心独运,但还是无法引起爆炸式的传播效果。设想一下,有一个人向你走来,说了一句:"嗨,你想知道在商业和人生中成功的秘籍吗?"当你正襟危坐准备吸收智慧时,他来了一句:"其实很简单,就是黄金圈理论!"想必你会大失所望。如果不加以解释,黄金圈理论的意义是很狭隘的,它不会号召你付诸行动或是改变你的观点。

但是西蒙先生在TED演讲中使用了一个新技巧:他将他的理念精炼成了一个醒目的口号:从为什么开始。"从为什么开始"这几个字非常明确地告诉你当前需要做什么才能成为一个更能激励人心的领袖。

怎样让口号令人难忘?

第一是要短小精悍。西蒙在他的演讲中使用了3个口号。第一个口号是12个词:"People don't buy what you do; they buy why you do it"(人们不关心

附二 TED的演讲圣经

"你做了什么",他们更在意"你为什么这样做")。第二个口号有6个词:"People who believe what you believe"(人们信你所信)。当然,三个口号中最简洁的还是"从为什么开始"。

这个方法在各个领域的演讲中都非常适用,包括政治领域。看一下奥巴马总统的口号,你就能感受到了:"Hope and Change"(希望和变革);"Pass this bill"(通过这项法案);"We can't wait"(我们不能再等了);"Yes, we can"(是的,我们行)。

第二是"以行动为中心"。这样的口号能够发出一个明确的行动信号。包括"从为什么开始"在内的许多口号都以动词开头。下面这几个口号尽管在某些内容方面略显过时,但却拥有相同的结构:"追寻自己的幸福""把握今天",以及"说出真相"。

此外,当你使用了一个两段式的口号时,同第一段相比,第二段通常相对积极。"人们不关心你做了什么"就是一个否定表述,"那么接下来,他们该如何做?""他们更在意你为什么这样做"满足了听众迫不及待获得答案的需求。如果西蒙说的是"人们在意你为什么这样做,而不关心你做了什么",就不会有同样的吸引力。

◎ **设法让你的开场白引人入胜**

演讲的前一两分钟,甚至10~20秒,是观众参与程度最高的时刻,如果观众没有能被演讲者吸引,注意力游离,那后面就不可能再转回来。因此,演讲高手都会在演讲的开头不遗余力地调动会场的气氛,而在余下的时间引导观众的情感变化。

在TED演讲中,最成功的是以故事开场的形式。在文学和戏剧中,开场白蕴含着起到决定作用的细节,它会给出有关人物性格和相关环境的背景故事,这些东西能够让观众在第一时间把握情节。其实,演讲也一样。

用故事开场要注意的是,首先,讲自己的故事并分享自己的感受;其

次,确保故事和你的中心思想密切联系;再次,让你的故事充满感情。

中国著名节目主持人杨澜在一场苏格兰的TED讲演中,做了题为《中国新一代》的讲演,她就是这样用故事开场的:

就在来苏格兰作TED讲演的前夜,我被邀请去上海做"中国达人秀"决赛的评委。在装有八万现场观众的演播厅里,台上的表演嘉宾是来自苏格兰的苏珊大妈。她唱得很动听,最后还对观众说了几句中文,她并没有说简单的"你好"或者"谢谢",她说的是——"送你葱"。为什么?这句话其实来源于中国版的"苏珊大妈"——一位50岁的以卖菜为生,却对西方歌剧有出奇爱好的上海妇女蔡洪平。这位中国的苏珊大妈并不懂英语、法语或意大利文,所以她将歌剧中的词汇都换作中文蔬菜名,并且演唱出来。在她口中,歌剧《图兰朵》的最后一句便是"Song Ni Cong"。当真正的英国苏珊大妈唱出这一句"中文的"《图兰朵》时,全场的八万观众也一起高声歌唱,场面的确有些滑稽。我想,苏珊和这位上海的卖菜妇女的确属于人群中的少数。她们是最不可能在演艺界成功的,而她们的勇气和才华让她们成功了。这样看来,与众不同好像没有那么难。从不同的方面审视,我们每个人都是不同的。但是我想,与众不同是一件好事,因为你代表了不一样的观点,你拥有了作出改变的机会。

当然,你也可以以最震撼人心的事实开场,比如著名的营养学家、厨师杰米·奥利佛就很好地使用了这个方法:

令人遗憾的是,在接下来我演讲的18分钟内,将有4个美国人因为他们食用的食物而离开人间。我杰米·奥利佛,来自英格兰。在过去的7年中,我夜以继日地工作,只为能用自己的方式拯救更多的生命。我不是医生,我是个厨师,没有昂贵的仪器和药物。我能运用的是知识和曾经接受过的训练。我坚信食物在日常生活中处于最主要的位置,甚至是我们生活中最重要的幸福来源。

附二 TED的演讲圣经

奥利佛通过揭露一个震撼人心的事实紧紧抓住了观众：每天因为食物而丧生的人简直不计其数，而且不是在占世界一半的发展中国家，是在美国。生存是人类最基本的需求。杰米把生存和死亡提出来，让观众屏息静气等待发现为什么会发生这样的事，以及如何继续活下去。

◎ **让你的幽默引爆现场**

一段话能否引人发笑，不仅取决于这段话的内容，还取决于这段话呈现的方式。

前文提到过的脑部研究专家吉尔·伯特·泰勒，讲到她是如何在中风发作时对自己进行研究的，这本是一个可以催人泪下的话题，但泰勒女士却让听众捧腹大笑，她把自己描述成了一个超级书呆子：

就在那一瞬间，我的右胳膊在身侧彻底麻木了。我此时才惊觉："我的天哪，我中风了！我中风了！"下一秒，我的大脑告诉我说："哇，这太酷了，太酷了！"

这种自我贬低的幽默简单易行，且效果显著。在这个社会中，我们习惯于保持体面。而当演讲者自愿放下防备，表明自己实际上是一个有缺陷的普通人时，我们会不由自主地哈哈大笑。

夸大事实也很容易引人发笑。最简单的方法是将一个寻常人放在一个非同寻常的环境里，或者把一个非同寻常的人放在一个寻常的环境里。演讲者肯·罗宾逊爵士将一个非同寻常的人——莎士比亚，放在了一个寻常的环境里。

因为你忽略了莎士比亚也曾经是个孩子，对吧？比如莎士比亚7岁？我从没想过。我是说他在7岁时的某个时刻，他那时在上英语课，不是吗？这得多烦人啊？"要努力学习。"莎士比亚的父亲催他上床睡觉，说："现在去睡觉！把笔放下。别再写那些东西了，别人看也看不懂。"

幽默是演讲中必不可少的元素。但是有一个问题需要避免，那就是无论如何，避免使用在别处听到或者读到的笑话。这种笑话人人都可以接触到。

如果听众中有人听到过这个笑话，那么演讲者就会陷入尴尬的境地，并立刻被观众视为缺乏创新性。因此，演讲者试图增加幽默感的话，请务必选择原创幽默。你可以对个人经历中的角色、时间和对话进行戏剧化的夸张，并通过一些非语言技巧来增强效果，例如将面部表情和手势与讲述的幽默同步起来。

◎别让PPT变成考试作弊小抄

多数人一想到演讲，脑海中就会浮现出设计精巧、图片丰富的幻灯片。这也的确是真实的情况。但事实上，点击率最高的前10位TED讲演者中，有4位都没有用PPT，包括点击率最高纪录保持者肯·罗宾逊爵士。

TED的策划人甚至说，TED大会让我们所知的PPT正走向终结。原因在于，作为工具的PPT本身并没有什么错，但大多数演讲者为他们的幻灯片塞进了太多的单词（平均40个）和数字，让这种工具不经意间带来了消极影响。

如果你必须使用幻灯片，要谨记一点：PPT的目的是为了帮助观众理解，而不是考试作弊的小抄。因此设计原则是"越少越好"，不要吝啬留白，并且多用图，少用文字。

这种做法同样有科学依据，它就是研究人员所称的"图优效应"：听到或读到一组事实三天后，大多数人会记得大约10%的信息。而添加一张照片或图片后，记忆率将跃升至65%。华盛顿大学医学院分子生物学家约翰·梅迪纳主持的研究发现，几天后，人们能够回想起超过2 500张图片，准确率至少达到90%；1年后的准确率依然保持在63%左右。梅迪纳的研究表明，这个结果"完胜"印刷品和演讲的记忆效果（由同一组受试者测试）。

◎讲台不能成为沟通的障碍

使用讲台的理由是要刻意展示力量和权威。比如奥巴马不使用讲台的时候，会脱下外套，把袖子卷起来。但当他站在讲台后面的时候，就一定会穿正装，打领带，并把西装扣子扣好。

而对于TED演讲而言，演讲者的目的是为了激励和鼓舞观众，讲台是大敌。因此，要设法让自己从讲台后面走向观众，当然必须因此配上无线话筒。

如果你开始走动，就真正地走动起来。不要只是不自然地踱到讲台的侧面或者前面，看起来像给讲台拴住了一样。并且，你的走动是有目的的，并非仅仅是因为变化姿势或者图舒服，更不是为了释放紧张情绪。

如果你不得不站在讲台的后面，务必记住不要在讲台上摇晃身体。双手以舒适的姿势放在讲台上，而不是抓住讲台的侧边，甚至抓住讲台的前端。除非你是个疯狂的独裁者，否则请不要捶讲台。但如果你真是个疯狂的独裁者，那就早早地捶，不停地捶吧。

每个人的内心都有一个想去分享的冲动，每个人的内心都有一个改变世界的愿望，只不过我们常常将它埋没。

如果我们学会了TED演讲技巧，无论在教室、在学校，还在舞台上，甚至是各种会议和典礼上，我们都将更好地表达自己，影响他人，并因此改变我们的职业生活。

（以上内容摘编自《揭开TED的秘密——18分钟改变世界》一书，略有删改）

附三　乔布斯的魔力演讲

他使人们摆脱了DOS命令，普及了图形用户界面。

他最先使用了鼠标，使人们脱离了只靠键盘输入的生活。

他让人们摆脱了台式电脑的束缚，用上了笔记本。

他创建了皮克斯，开创了电脑动画的奇迹。

他通过iPod重新定义了整个数字音乐产业。

他通过iPhone重新定义了移动通信产业。

他通过iPad重新定义了整个娱乐产业和媒体形态。

他创建了苹果，又被赶出苹果，在危难之际王者归来，让濒危的苹果公司获得重生。

他就是史蒂夫·乔布斯。

乔布斯可与当代最受尊敬的商界天才比尔·盖茨比肩，甚至可以说，已经超越了后者。他的激情、不拘一格和本能直觉融合在一起，成就了非凡的创造力。他证明了自己是一位桀骜不驯的领导者。因为乔布斯，人们的生活方式发生了根本性改变。

乔布斯同时也是一位哲学家，他愿用所有成就换一个与苏格拉底同处的

附三　乔布斯的魔力演讲

下午。2011年10月6日，史蒂夫·乔布斯"在家人的陪伴下平静地离去"，享年56岁，从此结束了传奇的一生。乔布斯之死，可能是天妒英才，是上帝让他去见苏格拉底了，还可能是天堂上的人们想用苹果了。

乔布斯去世后，苹果公司在官方网站首页贴出乔布斯遗照，照片配以乔布斯的英文姓名以及"1955—2011"字样，表明他56岁、本应大有可为的年纪。苹果公司董事会声明指出："史蒂夫的才华、激情和精力是无数创新的源泉，这些创新丰富和改善了我们所有人的生活。"

凡是知道乔布斯的人都知道他抠门、强权、刻薄、蛮横，但还是有一大批人疯狂地崇拜着他，不仅仅是苹果的员工，还有成千上万的苹果"粉丝"。只要乔布斯出现在演讲台上，场下就会疯狂——尖叫声、鼓掌声充斥整个会场。乔布斯的演讲有着惊人的魔力，深深吸引着听众。他能让每个听众都赞同他。他在台上公开诋毁竞争对手，他们尖叫着应和；他邀请竞争对手到台上演讲，听众也会在乔布斯的"魔力"下，静静地倾听，甚至能够在演讲后，给予掌声。乔布斯就是有这样的"魔力"，让人们像虔诚的教徒一样围绕在他周围。

乔布斯是一位大师级的演员，总是在雕琢自己的演技。每一个动作，每一次现场演示，每一幅图片和每一张幻灯片都是同步的。他看起来惬意、自信并且轻松自如。至少看起来是这样。他的演讲秘诀是排练很长时间，确切地说，是排练很多个小时，持续很多天。

数十年来，乔布斯已经把产品演示变成了艺术，美国沟通问题专家卡尔米·加洛研究他的演讲艺术，发现了16个秘诀，它们是：

◎ **模拟电影的策划**

乔布斯的演讲具有大片的所有元素——英雄和反派、配角、震撼的视觉效果。并且和电影导演一样，他用图板来串连情节。

当你走向电脑，打开幻灯片，进行头脑风暴、速记或写白板之前，请记住：你是讲故事的主角，幻灯片是辅助。

◎ **聚焦利益点**

听众们会问自己："我为什么要关注？"乔布斯非常清楚要销售的是隐藏在每个新产品或特性后面的利益点。为什么要买iPhone的3G？因为"它一半的价格两倍的速度"。"时光胶囊"的伟大之处在哪里？你所有无可替代的照片、视频、文档如果曾丢失，也会被自动保护且易被检索。苹果的网站也保持对利益点的聚焦，例如"爱在Mac的十大理由"。

没人关心你的产品或服务，他们只关心你的产品或服务如何改善他们的生活。

◎ **销售梦想而非产品**

乔布斯不卖电脑，他销售世界更美好的前景。真正的福音是以救世主的热忱去创造新体验。2001年，乔布斯推出iPod时说："用我们自己的微小方式，让世界变得更美好。"大部分人把iPod当成一个音乐播放器的时候，乔布斯却把它看成是丰富人们生活的工具。当然，有伟大的产品很重要，但是激情、热情、目标感比实际的产品更能让你和你的公司脱颖而出。

◎ **简短友好的标题**

你能用140个字节描述您的产品或服务吗？乔布斯为每个产品设计的标题或描述可以简洁到发在Twitter微博上。例如2008年元月，乔布斯推出苹果笔记本电脑时，就简单地描述为"世界上最薄的笔记本"——掷地有声！在演示中或苹果网站上充满细节描述，但是给每个产品定位都只用一句话！

◎ **树立反派**

经典故事中，英雄都会激战反派。乔布斯就善于这么做，1984年苹果眼中的反派就是"蓝色巨人"IBM。在他向销售团队介绍1984年那则著名的电视广告前，他说IBM决意统治整个行业，苹果就是唯一的拦路虎，这让团队群情激昂。品牌专家马丁·林德斯特姆说，伟大的品牌和宗教有共通之处：征服共同敌人的梦想。

附三 乔布斯的魔力演讲

◎ 提纲挈领

每次演示开始,乔布斯都会介绍演讲提纲。2009年9月9日,音乐盛典,他告诉观众他主要介绍三款产品:iPhone、iTunes、iPod。整个过程,他会做出口头引导,如"iPhone是我今天介绍的第一款产品,现在我们把目光投向第二个iTunes"以帮助听众跟上节奏。

◎ 简洁的视觉化幻灯片

苹果的产品简单易用,因为他们删除了繁琐之处。乔布斯的每次演讲也应用同样的设计理念。他的演讲没有要点,取而代之的照片或图片。当平均每页幻灯片有40个单词时,在乔布斯的10页幻灯片中找到7个词都很难。文字和图片结合会更容易唤起对信息的回忆,乔布斯的技巧就是基于这样的理念。乔布斯发布Mac Air超薄笔记本电脑的时候,他用一个牛皮纸信封装电脑的幻灯片来展现,真是一图胜万言!

简洁就是终极的复杂,乔布斯说。越复杂的越要保持简洁。

◎ 10分钟规则

神经学家发现任何演讲经过10分钟,大脑都会疲劳。换言之,无论演讲者如何富有吸引力,大约10分钟后观众往往会开小差。乔布斯的演讲会持续1.5个小时,可每10~15分钟他会插入视频、示范、客户发言,从而不会让观众变得厌烦。

◎ 挖掘数据的意义

每次苹果的演讲,都会大量运用数据。2009年9月9日,苹果副总裁菲尔·席勒说iPod已经卖了2.2亿台,这意味着73%的市场份额,他进一步说这个给了对手一个猛击,甚至将微软的股价拉下1%。

席勒得到了乔布斯的真传用大量数据连接观众。

◎ 活泼生动的语言

乔布斯谈到新的3G版iPhone的速度的用词是:"敏捷得惊人!"当多数

商务演讲人用词过于技术、模糊、混乱时，他的语言则非常简单，他几乎不用广为演讲者使用的诸如："最佳产品""协同作用"的术语，就算有也不多，他的语言简单、清晰、直接。GE传奇CEO杰克·韦尔奇曾说："不自信的管理者制造复杂。"语言简单彰显自信。

◎ **分享舞台**

乔布斯几乎就是苹果的代名词，可是他的演讲很少是独角戏。他乐于和商业伙伴、音乐家、员工一起分享舞台。2008年10月，乔布斯和库克一起邀请苹果首席设计大师乔纳森·艾维，给观众展示苹果如何给电脑制作铝制框架。乔布斯可以自己传送信息，但他也给独特的角色和观点提供舞台。

◎ **使用道具**

除了吸引人视觉背景（他的幻灯片）之外，乔布斯带来了展示和演讲道具。介绍新产品或功能时，他会坐在电脑前或拿起iPhone来展示它是如何工作的。这些演示很简单，但往往非常引人注目。1984年，乔布斯推出Mac电脑时，他走到的一个黑暗的舞台中央，慢慢从黑包内拿出电脑，从口袋里掏出一张软盘插入后走开了，仿佛这台电脑已经走入他的生活。

◎ **策划高潮**

乔布斯的每次演讲都有一个高潮时刻，成为演讲最为人津津乐道的部分，这些精彩时刻都是事先设计好的。例如，乔布斯推出Mac Air电脑时，他从一个办公室的信封中取出电脑，以此来展示它是多么纤薄。这是2008年Mac大会，每个人都不能忘记的时刻。

策划一个演讲高潮吧！

◎ **反复演练**

演讲的每个方面，乔布斯都花时间反复演练。每张幻灯片都仔细撰写，每次演讲舞台都有剧场般体验。乔布斯做演讲看上去毫不费力，但是娴熟的表演来自舞台下一次又一次不懈的演练。我不相信乔布斯是天生的演讲者，

附三 乔布斯的魔力演讲

如果你看他20年前的演讲视频，将会发现每个10年他都取得了巨大的进步。1984年的乔布斯有非凡的号召力，但1997年的他已经是一个非常完美的演讲者，2007年展示iPhone的时候就更棒了！

◎ **穿着得体**

乔布斯可以穿黑色圆领衫、蓝色牛仔裤、跑鞋，很简单，这是因为他已经赢得了穿着随心的权利。对大多数演讲者来说，最好穿得比观众更正式点。先别急着把套装扔了！

◎ **要充满乐趣**

乔布斯让每一个主题都充满乐趣。2007年元月，Macworld大会主题演讲时，助手点击幻灯片出了问题，他毫不慌乱，停下来讲了一个当年他和苹果联合创始人沃兹做了个电视干扰设备，在加州大学伯克利分校沃兹涅克宿舍搞乱电视信号的乐事，幻灯片一修好，他就继续，仿佛计划好的一样。他微笑着，看上去是真正在享受在舞台上的时刻。

（以上内容摘自百度文库 http://wenku.baidu.com/view/d95b112222791688486d7bb.html，略有删改）